Cédric Herrou

Ändere deine Welt

W0232956

Cédric Herrou

mit Marion Gachet Dieuzeide
und Michel Henry

Ändere deine Welt

Wie ein Bauer zum Fluchthelfer wurde

Mit einem Vorwort von
Jean-Marie Gustave Le Clézio

Aus dem Französischen von
Barbara Heber-Schärer und Andrea Stephani

Rotpunktverlag

Dieses Buch erscheint mit der freundlichen Unterstützung
der Paul Grüninger Stiftung.
Der Verlag bedankt sich dafür.

Der Rotpunktverlag wird vom Bundesamt für Kultur mit einem
Strukturbeitrag für die Jahre 2021 bis 2024 unterstützt.

Die Originalausgabe ist 2020 unter dem Titel *Change ton monde*
bei Editions Les Liens qui Libèrent in Paris erschienen.

Umschlagfoto: Bertrand Gaudillère

Umschlag und Satz: Patrizia Grab

Druck und Bindung: Friedrich Pustet, Regensburg

ISBN: 978-3-85869-945-9

1. Auflage 2022

Dieses Buch ist auch als E-Book erhältlich.

ITALIEN
FRANKREICH

Tende

5 km

Fontan
Saorge

Breil-sur-Roya

FRANKREICH

ITALIEN

Sospel

Escarène

Sainte-Agnès

Ventimiglia

La Turbie

Menton

MONACO

Mittelmeer

Nizza

Inhalt

Vorwort

Als Cédric Herrou im Frühjahr 2016 auf dem Heimweg von Ventimiglia zu seinem Hof in Breil-sur-Roya ist, fährt er an einer afrikanischen Familie vorbei, die am Straßenrand entlangläuft. Er kehrt um, lässt die Familie einsteigen und nimmt sie mit nach Hause, bis er sie am nächsten Tag in den Zug setzen kann. In den Augen der Eltern liest er Angst, Erwartung, Beklommenheit, auch einen Hilferuf und in denen der Kinder Entschlossenheit, jugendliche Selbstsicherheit und die Erfahrung des Schmerzes. Ihre Blicke treffen ihn unmittelbar ins Herz, und so lässt er sich auf ein Abenteuer ein, das von da an Mittelpunkt und Sinn seines Lebens wird.

Er, der seit seiner Kindheit in Nizzas Armenviertel Ariane – das nichts mit den Weltraumraketen zu tun hat, eher noch mit dem erbarmungslosen Labyrinth des Minotaurus –, einer Art Niemandsland, wohin die Unerwünschten, Habenichtse, Eingewanderten, Gitanos und die ehemaligen Bewohner der Innenstadt, die sich keine andere Wohngegend mehr leisten können, verbannt worden sind und wo er in einer gemischten, teils aus der Bretagne, teils aus Italien stammenden Familie aufwuchs, in der es sogar eine von den Nazis verfolgte deutsche Großmutter gab, er, der bis dahin nichts Besonderes aus seinem Leben gemacht hatte, nicht viel für die Schule tat, zu Träumereien neigte und auf Reisen durch das subsaharische

Afrika nach dem idealen Leben gesucht hatte, sich für keine politische Partei interessierte und allem misstraute, was ihm als geschlossene Gesellschaft, als Privilegiertenclub erschien, er beschließt, gegen das System Krieg zu führen, nicht weil er sich plötzlich politisch engagieren wollte, sondern weil es für ihn zutiefst inakzeptabel ist, dass menschliche Wesen, nur weil sie eine andere Hautfarbe haben und aus einem wirtschaftlich schwachen Land kommen, an der Grenze zurückgewiesen werden – eine brutale, rassistische, ungerechte Praxis, die gegen alle Gesetze verstößt, die, von der Allgemeinen Erklärung der Menschenrechte der Vereinten Nationen inspiriert, auch von Europa erlassen worden sind.

Und es ist wirklich ein Krieg: gegen die Gleichgültigkeit, gegen die Lügen der politischen Klasse, die die Angst vor dem Fremden und die Terrorbedrohung ausnutzt, gegen die Brutalität eines Teils der Ordnungskräfte, gegen die unrechtmäßigen Verhaftungen, den demütigenden Polizeigewahrsam. Ein Krieg gegen das, was er im Lauf seiner Aktionen entdeckt und zu Recht »staatlichen Rassismus« nennt: Kontrollen aufgrund der Hautfarbe, vorläufige Festnahmen mit anschließender Abschiebung, Nichtachtung des europäischen Asylrechts, schlechte Behandlung und Beschimpfungen – all das, was die berühmte Côte d'Azur zum rechtsfreien Raum und zu einer der gefährlichsten Gegenden Frankreichs macht. Für alle, die die italienisch-französische Grenze vor den Schengener Abkommen gekannt haben, ist die Erinnerung an die Zeit noch frisch, als Migranten ohne Papiere, von den Gesetzeshütern verfolgt, in jener Schlucht oberhalb von Menton endeten, die traurigerweise zu Recht »Pas de la mort« (Schwelle zum Tod) genannt wird.

Cédric Herrou hatte alles Mögliche ausprobiert – nicht zuletzt die Seefahrt, doch er ist allergisch gegen jede Uniform – und entdeckt seinen Weg schließlich im Hinterland von Nizza, im

Royatal, wo er einen verwilderten Olivenhain wieder fruchtbar macht und Hühner züchtet. An diesem Zufluchtsort, weit weg vom Rummel der Küste, nimmt er Migranten auf, die über die Grenze wollen. Denn Breil liegt zwar schon in Frankreich, doch aufgrund des Grenzverlaufs kommt man paradoxerweise nur von Italien aus direkt dorthin, indem man ab Ventimiglia dem Lauf der Roya folgt, oder aber man erreicht es auf einem Umweg nach Westen, über Sospel in die Berge hinauf. Das Royatal ist in jeder Beziehung gottverlassen: Es ist schwer zu erreichen, und seine Lage macht es zur Falle für Illegale, zum Kessel zwischen der Küste und den Sperren der Grenzpolizei in den Bergen.

Dieses Buch ist eine Chronik dieses Kampfs, voller Dramatik und Komik, Zärtlichkeit und Wut. Das Royatal wurde nicht zufällig zum Zufluchtsort; es gehört zu jener Geografie der Revolte, die es im Hinterland von Nizza schon immer gegeben hat. Früher hatten die Bewohner des Tals gegen Eroberer gekämpft, sie trugen Bauernkittel zum Zeichen ihrer Freiheit. In jüngster Zeit haben sie sich in einem Komitee zusammengeschlossen, der Bürgerinitiative Roya citoyenne, um in Schwierigkeiten geratenen Migranten zu helfen – ähnlich wie manche Bewohner der Grenzregion zwischen den USA und Mexiko den erschöpften und dehydrierten illegalen Migranten zu helfen versuchen.

Ich habe die Charakterstärke der Menschen in den Alpentälern im Zweiten Weltkrieg selbst erlebt. Damals haben meine Mutter, meine Großmutter, mein älterer Bruder und ich dort Zuflucht gefunden, als die Deutschen in Nizza einmarschierten und die Einwohner von Roquebillière im Tal der Vésubie uns bis Kriegsende aufnahmen, ein beträchtliches Risiko für sie, weil wir britische Staatsangehörige waren. Und die Einwohner von Saint-Martin haben Juden beschützt. Als der Präfekt Ribière Razzien veranstaltete, haben wir dank der Großherzigkeit der Dorfbewohner im Hinterland überlebt.

Ist die Lage der heutigen Migrantenfamilien anders? Ich glaube nicht. Ein Flüchtling, gleich aus welchem Land, welcher Hautfarbe, welcher Religion oder Sprache, ist immer ein Flüchtling, vor allem wenn Krieg der Grund seiner Flucht ist. Um Asyl zu bitten – an die Tür zu klopfen, damit jemand sie öffnet –, ist keine Vergnügungsreise. Es heißt, in äußerster Bedrängnis zu sein, an dem Punkt angelangt, an dem es kein Zurück mehr gibt, nachdem man Hindernisse überwunden hat, fast gestorben wäre, Erpressern, Vergewaltigern, Dieben in die Hände gefallen und Mördern entkommen ist. In dieser Lage ist Hilfe zu erhalten nicht mehr nur eine Option, sondern ein absolutes Recht, wie das Recht auf Leben, Freiheit und Brüderlichkeit. Ist das so schwer zu verstehen?

Cédric Herrous Bericht ist so fesselnd, weil er mehr ist als ein Bericht; er ist voll Leben, seinem Leben. Illegalen Migranten zu helfen bedeutet, den Zorn des allmächtigen Staates auf sich zu ziehen, der über die Befehlsgewalt und die Exekutivorgane verfügt und sich auf die Mehrheit, ja auf die wankelmütige und so oft von Politikern manipulierte öffentliche Meinung stützen kann. Es bedeutet, belästigt, grundlos verhaftet, wie ein Verbrecher in Handschellen abgeführt, herumgeschubst, beschimpft und in jene engen, verdreckten Zellen des Polizeigewahrsams, die Schande der französischen Demokratie, eingesperrt zu werden, in denen Tag und Nacht das Licht brennt, ein Akt der Folter. Es bedeutet, vor Gericht gezerrt zu werden, wo böswillige Staatsanwälte, auf falsche Zeugnisse gestützt, Anklage wegen aus der Luft gegriffener Verbrechen erheben (Pädophilie, Handel mit gefälschten Papieren, Erpressung oder Beleidigung von Staatsbeamten). Es bedeutet, ständig von Repressalien bedroht, als Schlepper, Zuhälter, Vaterlandsverräter denunziert zu werden. Um all das auf sich zu nehmen, muss man nicht nur mutig sein, sondern auch dickköpfig und unbeugsam. Gelegentlich auch ein Humorist. Als man ihn bei einem Treffen in Saint-Malo fragte, warum er sich in dieses Abenteuer gestürzt habe, antwortete Cédric Herrou nur: »Meine Mutter hätte mich ausgeschimpft, wenn ich es nicht getan hätte!«

Man wäre geneigt zu sagen, dass sich seine Dickköpfigkeit gelohnt hat. Das könnte man nach so vielen gewonnenen Kämpfen, in der Berufung kassierten Verurteilungen und den bei einer breiteren Öffentlichkeit gewonnenen Sympathien tatsächlich glauben. Vor allem nach dem außerordentlichen Sieg vom 6. Juli 2018, als der Verfassungsrat das Prinzip der Brüderlichkeit als Grundrecht anerkannte, das jedem Bürger gestattet, einem in Schwierigkeiten geratenen Migranten zu helfen, ohne sich um dessen juristischen Status zu kümmern oder nach seinen Papieren zu fragen. Das ist tatsächlich ein großer Schritt der Gesetzgebung auf dem Weg zu einem Asylrecht für papierlose Migranten, und dank Cédric Herrou kommt dieses Recht in Frankreich voran. Man denkt an den berühmten Satz von Martin Luther King: »Die Menschen haben gelernt, wie Fische zu schwimmen und wie Vögel zu fliegen, aber sie haben die ganz einfache Kunst noch nicht gelernt, zusammenzuleben wie Brüder.«

Doch es wäre voreilig zu glauben, dass alles geschafft ist. Die Völkerwanderungen auf der Flucht vor Kriegen – oder vor dem Hunger, der eine andere Art von Krieg ist – sind deshalb nicht verschwunden. Sie strömen weiter zu uns, doch dem besser organisierten, auch rachsüchtigeren Europa scheint es zu gelingen, den Migranten den Weg zu versperren, noch bevor sie die Grenzen erreichen, in Italien, in Griechenland, in Osteuropa oder in der Türkei. Für diese düstere Aufgabe werden teilweise Militärschiffe eingesetzt, im Mittelmeer wie im Indischen Ozean oder in Französisch-Guyana. Die tragischen Szenen, die man zu Beginn der 2010er Jahre beobachten konnte, als Migranten sich an der Küste Siziliens ins Meer zu stürzen drohten oder ertranken, finden zwar nicht mehr statt, aber in den Durchgangsländern, in denen der Menschenhandel blüht, sind noch tragischere Szenen zu sehen: gefangen gehaltene, um Lösegeld erpresste, vergewaltigte oder ermordete Migranten, ohne dass sich die reiche Welt davon erschüttern ließe.

Mit diesem pessimistischen Befund schließt das Buch von Cédric Herrou, und er zieht daraus den einzig möglichen Schluss: Es bleibt geboten, sich zu engagieren. Wir können nicht ignorieren, was geschieht, und einfach wegsehen. Dass Migranten auf die von Abbé Pierre gegründete Emmaüs-Bewegung stoßen, lässt auf ein besseres Schicksal zumindest für diejenigen hoffen, denen es gelingt, über die Grenze zu kommen und ein Asylgesuch zu stellen. Mir gefällt es, dass der Einsatz des alten Kämpfers für die Sache der Enterbten in den 1950er Jahren auf diese Art wiederbelebt wird. Und ich würde vorschlagen, den Colbert-Saal der französischen Nationalversammlung, um dessen Namen es jüngst Diskussionen gegeben hat, statt nach jenem Minister, der im 17. Jahrhundert an der gesetzlichen Reglementierung des Sklavenhandels mitgewirkt hat, nach dem tapfersten ihrer Mitglieder zu nennen, nach dem ehemaligen Abgeordneten, der unter dem Namen Abbé Pierre bekannt ist.

Anderen beizustehen, denen zu helfen, die Hilfe brauchen, ihnen Herz und Arme zu öffnen, das ist keine Frage der Wahl. »Helft mir helfen«, sagte Abbé Pierre. Das ist der Sinn des Kampfs von Cédric Herrou. Jede Zeit braucht ihren Helden. Und das ist in dieser von Profitstreben, Gleichgültigkeit und Hass zerrütteten Welt Cédric Herrou.

Jean-Marie Gustave Le Clézio
Nizza, 16. August 2020

1. Primavera

Das Motorrad rast die Talstraße hinab, legt sich in die Kurven. Es röhrt auf Hochtouren wie ein alter Traktor, und das Echo hallt von den mit jungen Flaumeichen- und Pinienwäldern, Olivenbäumen und Ginster bewachsenen Felsen wider. Dann, an der Fassade baufälliger Gebäude, so grau wie der Fels im Bett der Roya, sind ein paar fast unleserliche Buchstaben zu erkennen, »Zoll«. Der Mann auf dem Rücksitz klammert sich an die Jacke des Fahrers. Sie kommen aus dem Royatal in den Alpes Maritimes mit ihren schneebedeckten, fast dreitausend Meter hohen Gipfeln.

Sie haben Breil-sur-Roya durchquert, wo an den Ästen der Olivenbäume, im Widerspruch zu den verschneiten Gipfeln, schon kleine Trauben weißer Blüten hängen. Manche beginnen sich bereits zu öffnen und einen milden, süßen Duft zu verströmen, der ein nach Mandeln, Artischocken, frisch gemähtem Gras oder, je nach Reife, nach Heu schmeckendes Öl verspricht. Dieses schöne Tal verbindet die verschneiten Berge im südlichen Piemont mit dem Mittelmeer, Frankreich mit Italien. Zwei Staatsgebiete, die sich dieselbe Landschaft teilen, dieselben Wege benutzen, dasselbe Wasser trinken, denselben Boden nach denselben Riten kultivieren. Der Mond, der Herrscher über die Kulturen, hat dort mehr Macht als die Schrift.

Das Motorrad hat seit ein paar Kilometern die Grenze passiert und befindet sich im Niemandsland, wo alte Gebäude, italienische wie französische, von einer vergangenen Epoche zeugen. Es fährt weiter die Roya entlang bis zu ihrer Mündung in Ventimiglia, einem Touristenstädtchen an der Küste, das für seinen Schmugglermarkt bekannt ist, und wendet sich dann nach Westen in Richtung Menton. Etwa hundert Meter vor der Grenze an der Küste ertönt plötzlich die schrille Stimme des Mitfahrers:»Pass auf, da sind Bullen!«

Auf den Buhnen, Felsblöcken, die die Wellen brechen sollen, stehen etwa hundert ebenholzschwarze Menschen und auf beiden Seiten der vorbeiführenden Straße italienische und französische Polizisten, reglos wie Statuen, die diese Menschen blockieren. Die Atmosphäre ist bedrückend. Der Motorradfahrer meint die sich mischenden Sprachen zu erkennen: Französisch, Italienisch, Englisch, Arabisch. Er erkennt auch Gesichter aus seinem Tal, fragt sie, was los ist, und erfährt, die Menschen mit ebenholzschwarzer Haut sind »Migranten«, die weder Italien noch Frankreich haben will. Sie haben sich auf die Felsen im Meer gestellt und drohen, sich ins Wasser zu stürzen, wenn die Polizei versucht, sie abzutransportieren, und sie können nicht schwimmen. Auf dem Trottoir türmen sich Wasserflaschen und die allernötigsten Dinge zum Leben. Ein Stromaggregat speist eine ganze Reihe von Steckerleisten, an denen dutzende Mobiltelefone aufgeladen werden.

Etwas Derartiges sieht der Motorradfahrer zum ersten Mal in Europa. Er begegnet dem Blick eines etwa zwanzigjährigen Mannes. Eine Narbe unter dem rechten Auge, das etwas gelbliche Weiß der Augen, er flößt ihm kein großes Vertrauen ein. Der junge Mann lächelt ihn an. Verlegen deutet der Motorradfahrer ein leichtes Nicken an und setzt seinen Helm wieder auf. Nach ein paar Metern wird er von italienischen Polizisten kontrolliert, die seine Papiere fotografieren und fragen, was er hier tue.

»Nichts.«

»Ok, buona giornata.«

Als der Motorradfahrer weiterfährt, fühlt er sich unwohl. Der Mann auf dem Rücksitz scheint eine Tonne zu wiegen. Widersprüchliche Gefühle beherrschen ihn, eine Mischung aus Empathie und Verständnislosigkeit. Wer sind diese Leute? Woher kommen sie, wovor fliehen sie? Warum haben sie eine so gefährliche Reise gemacht, um dann auf diesen Felsen zu stranden? Was wollen sie, was erwarten sie? Was für Pläne haben sie, haben sie überhaupt welche?

So, wie sie da standen, so viele auf einmal, sieht er keine Einzelnen mehr, er sieht eine Gruppe – und eine Gruppe macht Angst. Er schafft es nicht, diese Menschen als Einzelne zu sehen, er sieht eine Masse unter dem Oberbegriff »Migranten«. Wie kann man gegenüber einer solchen Menschenmenge Empathie empfinden? All diese Fragen erschrecken ihn. Er fährt nach Hause; dann vergisst er sie.

2. Mein erstes Mal

Ein Jahr später, im Frühjahr 2016. Diesmal sitze ich nicht auf dem Motorrad, sondern in meinem Kastenwagen C15; ich fahre dieselbe Strecke in umgekehrter Richtung, von Ventimiglia nach Breil-sur-Roya. Ich kenne die kurvenreiche Straße in- und auswendig und habe die schlechte Angewohnheit, die Kurven mit einem Bier in der einen und einer Zigarette in der anderen zu nehmen. Plötzlich tauchen in der Dunkelheit Gestalten vor mir auf, die die Straße entlanglaufen. Aus meinen Träumereien aufgeschreckt, reiße ich das Steuer herum, um ihnen auszuweichen. Mit einem Kloß im Hals drücke ich meine Kippe aus und fahre weiter.

Es ist Donnerstagabend; wie jede Woche habe ich meine Eier, meine Pasta und mein Olivenöl in Nizza ausgeliefert. Vor ein paar Jahren habe ich dort Kunden gefunden, die Achtung vor der Landwirtschaft haben, keine Massenkonsumhändler. Wenn es wegen des Wetters oder eines Fuchsüberfalls weniger Eier gibt, haben sie Verständnis; in der einen Woche bekommen sie kaum etwas, die nächste ist besser, das sind eben die Wechselfälle der Landwirtschaft.

Aber was tun diese Leute auf der Straße? Ich meine, Kinder gesehen zu haben ... Die Nacht ist so dunkel, und sie haben keine Lampe – ich habe Angst, dass sie überfahren werden. Ich bin genervt. Kehre um. Auf ihrer Höhe angekommen, erkenne ich zwei Kinder und ihre Eltern. Es muss Mitternacht sein. Ihre Haut ist so dunkel wie die Nacht, die von meinen Scheinwerfern nur schwach erleuchtet ist. Ich schlage ihnen vor, hinten einzusteigen, sich zwischen die leeren Eierkartons zu setzen. Sie wollen zu einem Bahnhof. Aber zu dieser späten Stunde fährt kein Zug mehr. Ich lade sie zu mir ein und biete ihnen an, sie am nächsten Tag zu begleiten.

Unten an dem steilen Pfad, der zu meinem Haus führt, spüre ich, dass sie Angst bekommen. Weiter unten die etwas bedrohlichen Fluten der Roya. Gegenüber an der Gebirgsflanke steigt der Hang steil an, und man sieht praktisch nichts durch die dichte Vegetation. Dort hinauf sollen sie. Nicht sehr beruhigend. Dieser Bärtige mit der runden Brille könnte sie entführen, ausrauben oder Schlimmeres, wie das auf den Wegen des Exils oft genug passiert …

Nur die beiden Kinder scheinen vertrauensvoll; das ist das Gute mit Kindern: nicht nötig zu reden, Blicke genügen. Die Mutter wirkt erschöpft und hinkt; der Vater, ernst, bleibt stumm. Wir steigen im Gänsemarsch hinauf, einen Jungen habe ich auf dem Arm, der größere geht im Schein meiner Stirnlampe hinterher.

Ich habe dieses verwilderte Stückchen Land 2002 gekauft, wieder urbar gemacht und hergerichtet. Seit dem Krieg nicht mehr genutzt, war das weite Gelände am Hang ein Dschungel, das Haus fast eine Ruine. Ich habe mich um die Olivenbäume gekümmert und meine Hühner aufgezogen. Ich bin glücklich hier oben, weit weg von der Welt, die mir oft unerträglich ist. Jetzt holt sie mich ein.

Wir essen schnell eine Kleinigkeit. Der Mann legt sich aufs Sofa, die Frau mit den beiden Kindern auf eine Matratze auf dem Boden, unter ein paar Decken. Ich klettere in mein Zimmer auf der Galerie hinauf, direkt über ihnen, voller Unbehagen, aber beruhigt, sie nicht mehr am Straßenrand zu wissen. Nachdem ich selbst schon Tausende Kilometer per Anhalter gefahren bin, kann ich doch niemanden am Straßenrand stehen lassen.

Am Morgen weckt mich Kaffeeduft, die Matratze ist weggeräumt, die Decken zusammengefaltet, alle vier sind draußen auf der kleinen Terrasse. Ich radebreche die paar Brocken Arabisch, die ich während meiner Afrikareise gelernt habe, und sage, dass ich Brot kaufen gehe. Ein Vorwand, um fünf Minuten allein zu sein und nachzudenken.

3. Persona non grata

Auf dem Weg zur Bäckerei rufe ich eine Freundin an, Françoise Cotta, halb Punk, halb Bourgeoise, exzentrisch und anständig und eine angesehene Pariser Strafverteidigerin. Sie hat ein Haus in Breil, wo sie sich oft aufhält. Sie nimmt ab und erklärt mir ohne die geringste Verlegenheit, dass ich sie störe. Für diese Unverblümtheit ist sie bekannt. Sie geht ihr zufolge auf einen Herzanfall zurück, den sie vor ein paar Jahren hatte; seither nimmt sie kein Blatt vor den Mund. Aber dann antwortet sie wie aus der Pistole geschossen: Sie wird mir helfen, die kleine Familie aus dem Tal zu bringen.

Sie könnten problemlos in Breil-sur-Roya den Zug nehmen, der Bahnhof liegt nur fünf Autominuten von mir entfernt. Aber da würden wir sie in die Falle laufen lassen, denn am nächsten Bahnhof, in Sospel, wird systematisch kontrolliert und sie würden wahrscheinlich verhaftet und nach Italien zurückgeschoben werden. Ich hatte auch an manche Aktivisten gedacht, die ich letztes Jahr bei den Buhnen in Menton gesehen hatte, Mitglieder der Bürgerinitiative Roya citoyenne, die die Talbewohner zu überzeugen versuchen, ebenfalls Essen an die in Ventimiglia festsitzenden Migranten zu verteilen oder diejenigen zu beherbergen, die sich ins Tal verirren. Aber die rief ich lieber nicht an aus Angst, sie würden mir auf den Wecker gehen und verlangen, dass ich mich an ihren Aktionen beteilige und mehr Leute bei mir aufnehme.

Der »autorisierte« Checkpoint

Das Royatal zu verlassen ist nicht einfach, denn seit ein paar Monaten sprießen Polizeisperren aus dem Boden. Die erste sah ich auf Höhe des Pont de Nice, wo die Straße nach Sospel abzweigt. Auf dem einsamen Fleckchen hoch oben, wo mein Bruder wohnt, machten wir uns manchmal einen Spaß daraus, die Gendarmen unten zu beobachten. Zwischen zwei Kontrollen langweilten sie sich und spielten mit ihren Maschinengewehren Krieg wie die Kinder. Sie stoppten jedes Auto und fragten nach den Papieren. Aber die Leute aus dem Tal, nicht von der disziplinierten Sorte, begannen einen anderen Weg zu nehmen, weiter unten, um sie zu umgehen. Als die Gendarmen das begriffen, verlegten sie die Sperre weiter in Richtung Sospel. Diese Checkpoints heißen unter uns PPA *(point de passage autorisé)*; »autorisiert« ist natürlich Ironie. Die Kontrollen sind gezielt und aus ihrer Sicht pragmatisch: Man verlangt nur die Papiere von Personen, deren Aussehen auf eine ausländische Herkunft hinweist. Der Kofferraum wird geöffnet, nicht auf der Suche nach Waffen oder Drogen, nur »Migranten« interessieren sie.

Dann wurden weitere Sperren errichtet, an der alten Grenze in Menton an der Küste, an der Mautstelle der Autobahn A8 bei La Turbie zwischen Ventimiglia und Nizza, in den Bahnhöfen von Menton-Garavan, Breil und Sospel. Wir erlebten die »Wiedereinführung der Grenzkontrollen«; die theoretisch seit Jahrzehnten abgeschafften Sperren wurden wiedererrichtet. Derartige Kontrollen hatte es 2001 während des G-20-Gipfels in Genua schon gegeben, aber danach nicht mehr. Im Herbst 2015 glaubten wir, sie würden auch diesmal wieder verschwinden. Irrtum. Die Sperren sind nie mehr verschwunden. Und sie richteten sich gegen uns, die Bewohner des Royatals. Seither sind wir alle potenzielle Schleuser.

Die erste Polizeisperre tauchte um den 10. November 2015 auf, kurz vor der Pariser Klimakonferenz, auf der die großen Industrienationen des Planeten Maßnahmen gegen die Klimakrise beschließen sollten. Sie zielte auf mögliche Störenfriede unter den Aktivisten, vor allem den deutschen und italienischen. Doch nach den Attentaten im Bataclan und im Stade de France am 13. November wurde die Schließung der Grenzen, die nur während der Klimakonferenz gelten sollte, aufrechterhalten, offiziell, um die terroristische Bedrohung zu bekämpfen. In Wirklichkeit dienen diese Checkpoints dazu, Migranten fernzuhalten. Frankreich sieht sie lieber auf der anderen Seite festsitzen. Pech für Italien, das damals Hunderttausende aufnahm, die die Überfahrt übers Mittelmeer geschafft hatten, und diesen Zustrom nicht bewältigen konnte.

Das Gefühl, etwas nicht zu Ende gebracht zu haben

Ich kehre mit frischem Brot zu der kleinen Familie zurück, dann kümmere ich mich um die Hühner und den Gemüsegarten. Als ich gegen Mittag wiederkomme, wirkt die Frau glücklich, für ihre Kinder kochen zu können, ein Ratatouille auf sudanesische Art mit Reis. Lachend gebe ich ihr zu verstehen, dass wir dieselbe Diät befolgen. Die Kinder wirken entspannt, nur der Vater bleibt ernst und ängstlich. Die Mutter fühlt sich wohl, sie inspiziert lächelnd das kleine Bauernhaus. Sie hatte nicht geglaubt, dass Leute in Frankreich in solchen Behausungen leben: ein circa dreißig Quadratmeter großes altes Gemäuer, das nur auf einem schmalen Fußweg zu erreichen ist, weit weg von allem, gedeckt mit antiken Marseiller Tonziegeln. Der Boden hat neue Dielen aus Lärchenholz bekommen, der auf den Gipfeln hier vorherrschenden Baumart. Stromleitungen in den Zimmerecken speisen zwei Glühbirnen und eine Steckdose. Die Küche beschränkt sich auf einen Gasherd; das Bad, ausgestattet mit einem holzbeheizten Warmwasserboiler, ist durch einen Vorhang vom winzigen Wohnzimmer getrennt, das auch als Büro dient. Durch ein Fenster, dessen altes Holz sich wegen der Trockenheit verzogen hat, fällt Tageslicht herein.

Mit Françoise hatte ich ausgemacht, die Familie zwei Tage später wegzubringen. Die Strategie war einfach: Ein Wagen fährt voraus und sondiert, der zweite folgt mit der Familie. Wenn das Vorausfahrzeug auf eine Kontrolle stößt, warnt es das folgende, das dann einen anderen Weg nimmt. Am Tag der Abfahrt sind wir alle etwas gestresst, nur Françoise ist zuversichtlich und aufgeregt. Wir fahren durchs Tal der Bévéra, um nicht durch Italien zu müssen. Im Auto herrscht Schweigen. Sie haben Angst, und ich schäme mich der verstörenden Situation, Leute verstecken zu müssen, damit sie aus dem Tal fliehen können, in dem ich so gern lebe.

Wir bringen sie ohne Probleme zu einem Bahnhof hinter Nizza. Als sie in den Zug steigen, weint Françoise. Ihre Tränen zeigen ihre Verletzlichkeit, die sie von da an nicht mehr wird verbergen können. Mich bedrückt das Gefühl, etwas nicht zu Ende gebracht zu haben: so viel Stress und Logistik, um ihnen zu ermöglichen, weniger als hundert Kilometer weiterzukommen, aber nicht zu wissen, was aus ihnen werden wird? Ein neues Gefühl steigt in mir auf, etwas zwischen Angst und Abscheu, Mitgefühl und Widerstandsgeist. Ein Kloß im Hals hindert mich daran, es in Worte zu fassen. Mein Körper ertrinkt in ungeweinten Tränen.

4. Zweifeln

Ich war durcheinander, weil ich die kleine Familie beherbergt hatte, obwohl ich sie vermutlich nicht einmal angeschaut hätte, wenn ich sie bei den »Migranten« auf den Wellenbrechern von Menton gesehen hätte. Ich lebte mein Leben weiter wie gehabt. Wenn ich Leuten begegnete, die das Royatal hinauffliefen, hielt ich nicht an. Es war zu schwierig, ihnen zu helfen; ich hatte Angst, dass jene neuen Gefühle wieder hochkämen und ich mir womöglich verdammten Ärger einhandelte.

Dabei hatte meine Jugend mich das Gegenteil gelehrt. Ich bin in Nizza geboren, im Arianeviertel, das gern als *populaire*, »volkstümlich« bezeichnet wird. Aber dort leben nicht Menschen aus dem ganzen Volk, sondern Menschen am Rand der Gesellschaft, die aufgrund ihrer sozialen Klasse, Hautfarbe oder Herkunft dort zusammengepfercht sind. Volkstümlich nennt man es, um nicht Schwarzenghetto, Araberghetto oder Armenghetto zu sagen. Dort habe ich sehr früh gelernt, mich nicht um die Unterschiede zwischen den Menschen zu kümmern. Wir waren »wir«, die *black-blanc-beur**. Es waren Töchter und Söh-

---

* Der Ausdruck *black, blanc, beur* (»schwarz, weiß, arabisch«) entstand in den achtziger Jahren, und zwar in Anlehnung an das »Bleu, blanc, rouge« der Trikolore. Mit diesem Ausdruck sollte die Multiethnizität Frankreichs positiv hervorgehoben werden. (A. d. Ü.)

ne von Einwanderern, ich war es auch. Und stolz auf meine Freunde, ihre Familien, ihre Wurzeln und ihre Geschichte.

Als ich sieben war, wurden wir eine Pflegefamilie. Meine Mutter arbeitete für den Kinderschutz. Meine Eltern nahmen Kinder auf, die nicht die ihren waren. Sie brachten uns bei, unser Spielzeug, unsere Süßigkeiten, unsere Zimmer, unsere Eltern, unser Leben zu teilen. Durch Teilen habe ich Brüderlichkeit gelernt. Ganz gleich, ob die Kinder von hier oder von anderswo waren, sie gehörten zu unserer Familie, eine Zeitlang oder für immer.

Hortense haben wir aus dem Säuglingsheim geholt, sie war erst ein paar Monate alt. Morgan und ich haben sie gleich freudig akzeptiert, als große Brüder. Sie blieb bei uns, bis sie zwanzig war, und meine Eltern boten ihr an, unseren Namen anzunehmen. Sie wurde meine Schwester. Ich bin mit Kindern aufgewachsen, die Sicherheit brauchten, die sie in ihrer Herkunftsfamilie nicht hatten. Meine Mutter hat mich gelehrt, dass Erwachsene ihnen gegenüber eine Schutzpflicht haben. Das war ihre Art, die Welt zu verändern.

Als Jugendlicher sah ich plötzlich, wie die Welt wirklich war: kaum zu ertragen. Um nicht an der Wut zu ersticken, habe ich mich schließlich fürs Exil in den Bergen entschieden. Weit weg von der Welt der »anderen«, der Welt der Gefühllosen und Gleichgültigen, die unbekümmert direkt neben dem Elend leben können und sich durch Stigmatisierung und Verachtung davor schützen.

Mein Zufluchtsort, das Royatal, hat mich von der Welt abgeschnitten. Ich musste versteckt, fernab der Wirklichkeit leben, um frei und glücklich zu sein. Ich bin in dieses Tal gezogen, um meine Kindheitsträume zu verwirklichen: in einer Hütte in den Bergen ein freier Mensch zu sein. Von da an lebte ich von meinem Stück Erde. Aber ich fragte mich immer noch, was tun, wenn ich diese hilflosen Leute am Straßenrand sah, und nahm sie trotzdem nicht mit, weil sie Flüchtlinge waren! Ich war ein Bündel von Widersprüchen.

Afrika

1999, mit neunzehn Jahren, war ich für mehrere Monate nach Afrika gefahren, zunächst ohne recht zu wissen, warum. Vielleicht wollte ich einfach fliehen, anderen Kulturen begegnen und herausfinden, ob sie sich mit meiner eigenen vertrugen. Dieser Trip wurde zu einem Entwicklungsschritt für mich, der mich befreite und mir Zugang zu einem vergessenen, mir abhanden gekommenen Teil meines Ich verschaffte. Denn in der Schule wird intuitives Erfassen nicht gefördert, sondern unterbunden. Ich bin weggefahren, um jene Intuition aus der Kindheit wiederzuentdecken, die mich die Leere, die emotionale Leere der Erwachsenenwelt hatte spüren lassen. Ich fuhr weg, um mir endlich selbst zu vertrauen, und akzeptierte, dass ich mich auch täuschen konnte. Um endlich selbst zu entscheiden, nicht nach dem Zufallsprinzip.

Manche sagen, man müsse »aufs Schicksal vertrauen«, aber das Schicksal kann mich mal! Daran glauben heißt an eine Allmacht glauben, und das ist nicht mein Fall. Das Einzige, was dem vielleicht nahekommt, ist die schöpferische und erfinderische Erde, aber sie ist zugleich so verletzlich, dass sie alles andere als allmächtig ist. Nur Bauern und Gärtner können die Faszination und die Achtung verstehen, die ich ihr entgegenbringe.

Der Glaube ans Schicksal macht passiv, da man es ja für vorgezeichnet hält. An eine Bestimmung und einen einzigen Weg zu glauben heißt, die eigene Intuition zu ignorieren, die Verantwortung abzugeben. Ich bin im Gegenteil überzeugt, dass es

Tausende mögliche Wege gibt. Statt von Schicksal würde ich lieber von einem tiefen Verständnis sprechen. Auf seinen Instinkt zu hören, hat nicht zwangsläufig angenehme und einfache Dinge zur Folge. Es kann sein, dass man sich in große Schwierigkeiten bringt, wenn man blindlings handelt, wie ich es in meinem Leben allzu oft getan habe. Aber, wie mein Bruder Morgan sagen würde,»Bequemlichkeit schläfert ein«; sie verflacht das Leben.

Ich fuhr durch Marokko und Mauretanien bis nach Senegal. Eigentlich wollte ich noch weiter nach Ghana, aber ich war in einer prekären Situation und erschöpft; in Dakar hatte man mir mein Geld und meinen Pass geklaut, und in meiner Abwesenheit war meine Großmutter gestorben, an der ich sehr hing. So kehrte ich im Herbst 1999 überstürzt nach Frankreich zurück – ein Schock. Ich traf meine alten Freunde aus Levens wieder, einer kleinen Gemeinde nördlich von Nizza, wohin meine Eltern aus dem Arianeviertel gezogen waren. Nichts hatte sich geändert. Wir saßen auf den Bänken im Park, und ich stieg genau dort in die Gespräche wieder ein, wo ich zuvor ausgestiegen war. Für meine Freunde war die Zeit stehen geblieben, während für mich alles in Bewegung gekommen war.

Hüttenträume

Weil ich nicht in Frankreich bleiben wollte, kaufte ich in Deutschland einen Mercedes 300 Break. Mein Ziel: zurück nach Afrika. Bis es losgehen könnte, schlief ich in der Karre. Ich machte Party ohne Ende, verpulverte meine Ersparnisse für Feten und Hasch, suchte jeden Abend Spaß in Bars oder bei Kumpels. Dann knallte mein Auto in einer Regennacht gegen eine Brüstung, Frontscheibe zersprungen, Motorhaube kaputt – mein Afrikaprojekt war gefährdet. Ich schlief weiter in dem fahrbaren Wrack, am Ende eines Waldwegs, bei minus zehn Grad.

Um mir meinen Lebensunterhalt zu verdienen, arbeitete ich für eine Zeitarbeitsfirma als Automechaniker, wechselte aber immer wieder die Stelle, weil ich nach jeder abfälligen Bemerkung eines Chefs, ohne lang nachzudenken, kündigte. Ich ertrug weder autoritäres Auftreten noch Ungerechtigkeit, ich war nicht gemacht für ein Angestelltenleben. Ich versuchte mich als Saisonnier auf Segelschiffen (auf dem Deck, in der Takelage), aber die Arbeit auf Jachten war nichts für mich, weil man, um angeheuert zu werden, den Kumpel spielen musste. Ich hatte eine Menge verschiedener Jobs, von Drahtseilakrobatik – ein kompletter Bluff, ich hatte meinen Lebenslauf gefälscht – bis zum Beschneiden von Olivenbäumen in Schwarzarbeit.

Ich wusste nicht recht weiter und wünschte mir ein Stück Land, um meine Kinderträume zu verwirklichen: Hütten bauen, Hühner, Hunde, Katzen halten. Ich musste mich wieder auf diese Träume konzentrieren, mir meine kleine Welt schaffen. Aber wo sollte ich mich niederlassen? Wo immer ich hinkam, schaute ich mir noch das kleinste verlassene Stückchen Land daraufhin an, ob sich vielleicht ein heruntergekommenes Gebäude darauf versteckte. Eines Tages zeigte mir Yvan, ein Freund, der ein paar Kilometer von Breil-sur-Roya entfernt einen alten Olivenhain wieder nutzbar gemacht hatte, die andere Hangseite, wo er sich ursprünglich hatte niederlassen wollen. Ein abgelegenes Terrain, nicht zu steil, mit üppiger Vegetation und einigen daraus aufragenden vertrockneten Olivenbaumkronen, Überbleibsel einer früheren Bewirtschaftung.

Dschungel

Für nicht mal zehntausend Francs erwarb ich dieses kleine Stück undurchdringliches Dickicht: Eichen, Meerkirsche, Sumach, Buchs und Hunderte von Ginstersträuchern. Die Leute in Breil müssen über diesen 23-Jährigen gelacht haben, der ein völlig wertloses Stück Land kauft. Seit der Vorkriegszeit verwahrloste hier alles. Manche nutzten diesen Dschungel nach Gutdünken, wie die Jäger, die knapp an dem Zelt vorbeischossen, in dem meine Freundin Inger und ich schliefen, solange wir nichts Besseres hatten. Ich musste nur lauter sein als sie, das hatte ich im Arianeviertel gelernt und es funktionierte im Royatal wie in der Banlieue – nicht nötig, sich zu prügeln, du knurrst ein bisschen, um zu zeigen, dass du keine Angst hast, und die Lage entspannt sich.

Unter der Woche arbeitete ich als Automechaniker in Nizza, und jeden Freitagabend stiegen Inger und ich mit der Sichel in der Hand den Berg hinauf, um mit der Hilfe von Freunden und meinem Bruder bis Sonntagabend gegen das Dickicht anzukämpfen. In weniger als einem Jahr wurde das einen Hektar große Gelände von Gestrüpp befreit, die Olivenbäume gründlich beschnitten. Ich würde mich fünf bis zehn Jahre gedulden müssen, bis ich kräftige, Früchte tragende Bäume hätte. Aber woher sollte ich Wasser bekommen? Die Wasserrechte waren Bestandteil des Kaufvertrags, aber die Verbände, die die beiden Bewässerungskanäle betrieben, von denen einer so viel Wasser führte, dass niemand wusste, wohin damit, weigerten sich, mich anzuschließen. Ich warnte sie: »Eines Tages wird dieser Kanal nicht mehr funktionieren, wenn nicht junge Leute da sind, die euch helfen.« Aber sie wollten nicht. Heute ist einer der Kanäle außer Betrieb.

Da wir keinen Kanalanschluss hatten, trugen wir das Wasser in Kanistern auf dem Rücken hoch, bis ich eines Tages an die hundert Meter unterhalb meines Grundstücks eine Quelle entdeckte. Aber wie sollten wir das Wasser ohne Strom hochbefördern? Ein Freund erklärte mir das Pumpsystem des sogenannten hydraulischen Widders, das der Erfinder des Heißluftballons, Joseph Montgolfier, 1792 ersonnen hatte. Man leitet Wasser zu einer tiefer gelegenen Stelle und stoppt den Wasserlauf dann abrupt, wodurch ein Überdruck entsteht, der das Wasser um weit mehr als fünfzig Meter steigen lässt. Ohne Dieselöl, ohne Strom, einfach und magisch! Ich war begeistert.

Ein Jahr nach dem Kauf war ich endgültig auf diese grünen Hangterrassen umgesiedelt, die die Bewohner von Breil aufgegeben hatten, um ihren Kindern eine sicherere Zukunft bieten zu können. Es gab eine Zeit, da pflanzten die Eltern Olivenbäume für ihren Nachwuchs, jetzt aber war die Zeit, da sie sie verkauften, um die Zukunft ihrer Kinder zu finanzieren. In Breil ist ein Kind, das es geschafft hat, ein Kind, das weggegangen ist. Dann kreuzten die Hippies, die alternativ angehauchten Wohlstandsbürger und die Stadtflüchter in der Absicht auf, sich auf dem aufgegebenen Nutzland niederzulassen. Eine »Invasion«, die von den Ortsansässigen als Provokation, ja als Beleidigung empfunden wurde.

Dank biologischer Landwirtschaft und deren Aktivisten konnten sie sich als Kleinbauern im Royatal ansiedeln, sodass die Mehrheit der Landwirte hier inzwischen zugezogene Städter sind. Aber die Unterscheidung zwischen »Einheimischen« und »Aussteigern« besteht weiter. Ich wusste von Anfang an, dass ich nie wirklich integriert sein würde. Man muss nicht aus dem Sudan oder aus Eritrea kommen, um in Breil als Fremder angesehen zu werden. Und so zögerte ich, anderen »Fremden« zu helfen, die die Straße heraufkamen.

5. Die Kirche Sant'Antonio

Diese Menschen laufen zu sehen, störte mein kleines Ego, sie konfrontierten mich mit meinen Widersprüchen. Ich konnte nicht länger passiv bleiben, ich musste mich einmischen, auf die Gefahr hin, meine Freiheit zu verlieren. Aber so etwas durfte niemand hinnehmen. Die Männer, das ging ja noch – sie waren erwachsen, sie konnten sich durchschlagen und zwanzig Kilometer kraxeln. Aber den Frauen, den Kindern, den Schwachen musste ich helfen, nicht unbedingt ein Quartier geben, doch sie zumindest zum Bahnhof fahren, damit sie von dort weiterkamen. In normalen Zeiten war ich ein Einzelgänger auf meinem Berg. Damit war jetzt Schluss, zu lange schon hatte mich mein Schweigen zum Komplizen gemacht.

Den letzten Anstoß gab mir der Zufall. Ich war mitten am Tag nach Ventimiglia unterwegs, um Futter für meine Hühner zu kaufen, als mir am Straßenrand eine Familie entgegenkam. Ich sagte mir: »Wenn sie auf der Rückfahrt noch da sind, halte ich an.«

Damals glaubten wir Bewohner des Royatals, es sei prinzipiell verboten, Migranten zu helfen. Zumal in Anbetracht unserer Grenznähe. Vier Jahre später hat unser Kampf das Gegenteil bewiesen.

Auf dem Rückweg holte ich die Familie ein und bot an, sie

mitzunehmen. Sie willigten ein und zeigten auf den höchsten Punkt des Tals: »Paris?«

»No, Breil-sur-Roya! Train first, after Paris.«

»Ok.«

Der Mann, der sympathisch wirkte, stieg vorn ein; die Mutter kletterte mit den beiden Kindern hinten in den Kastenwagen und blieb stumm. Ich fuhr sie zum Bahnhof von Sospel, wir tauschten unsere Telefonnummern aus. Das würde nicht die Welt verändern, aber sie wollten es.

Am übernächsten Tag rief er mich an. Ich fragte: »Seid ihr gut in Paris angekommen?«

»No, in Ventimiglia.«

»Where?«

»In the church in Ventimiglia.«

Völlig überrascht rief ich: »Ok, I'm coming.«

Scheiße. Warum hatte ich das gesagt? Sollte ich wirklich hinfahren? Was könnte ich dort tun? Ich schnappte mir meine abgewetzte Lederjacke, stieg in meine Bergschuhe und rannte den steilen Abhang zu meinem C15 hinunter.

Unnötige Risiken

Ich hatte schon von dieser Kirche in Ventimiglia gehört, die seit Monaten ihre Türen für Geflüchtete öffnete, vor allem, um Frauen, Kindern und Familien einen sicheren Ort zu bieten. Vor dem verschlossenen Tor angekommen, winkte ich einem Typ, der fortging und mit einem Weißen zurückkam, einem Italiener. Durch das Gittertor erblickte ich die kleine Familie, die mir zulächelte. Der Italiener schloss ihnen das Tor auf und ließ sie hinaus.

In gebrochenem Englisch erklärten die Eltern mir ihr Missgeschick: Sie waren noch im Bahnhof von Sospel im Zug vorläufig festgenommen und dann für die Nacht aufs Kommissariat von Menton gebracht worden, ohne etwas zu essen und zu trinken zu bekommen, und dann hatte man sie auf dem Ponte San Ludovico der italienischen Polizei übergeben. Von dort waren sie nach Ventimiglia gelaufen.

Sie wollten nach Paris, um Asyl zu beantragen, denn in ihrer Heimat herrschte Krieg. Warum konnten sie den Antrag nicht an der Grenze stellen? Das wäre doch einfacher gewesen.

Wohnwagen

Der Italiener lud mich ein, die Kirche zu besichtigen. Die Flüchtlingsaufnahme befand sich im Untergeschoss: eine schöne Küche ganz aus Edelstahl, zwei große Räume, die als Schlafsäle dienten, einer für die Frauen und Familien, der andere für die unbegleiteten Kinder. Mir zog sich das Herz zusammen beim Anblick der Etagenbetten, voneinander abgetrennt durch herabhängende Decken, um ein Gefühl von Privatsphäre zu vermitteln. Unter den Blicken der hilflosen Eltern und den herumtobenden Kindern fühlte ich mich wie ein Voyeur. Aber ich wollte verstehen. Wie lange blieben die Menschen hier?

»Nur so lange, bis sie es nach Frankreich schaffen«, antwortete der Italiener. »Den meisten gelingt es nach mehreren Versuchen. Aber manche Familien werden bei der Festnahme getrennt. Und die Jugendlichen riskieren viel: Sie laufen die Autobahn entlang, verstecken sich in den Zügen, zwischen den Waggons, auf dem Dach oder in den Schaltschränken, sie klettern nachts gefährliche Gebirgspfade hinauf. Manche wohlhabenden Familien haben zwar die Mittel, einen Schleuser zu bezahlen, die meisten aber nicht, und junge Mädchen müssen sich prostituieren, um es zu schaffen.«

Ich war erstarrt, empört. Warum zwang man sie zu so riskanten Aktionen? Warum zwang man sie in die Illegalität, bevor man sie am Ende doch legalisierte? Wieder hatte mich jenes neue Gefühl gepackt, das Schuldbewusstsein, dass ich achtlos gewesen war, weit weg von dem, was in meinem Tal passierte. Mein Körper verkrampfte sich, als erfüllten ihn meine Tränen mit Schmerz. Ich hatte Angst, Angst vor mir selbst, vor den anderen, vor dieser Kirche, Angst vor den Gendarmen, Angst vor dem, was ich sah, und vor diesem Gefühl in meinem Bauch, das mich zwang zu sehen, was ich nicht sehen wollte. Meine Fragen machten mich verrückt.

Ich blieb eine Weile stumm, dann überließ ich mich dem Instinkt, der mich drängte, meine Ängste zu überwinden. Ich nahm all meinen Mut zusammen und bot der Familie an, sie zu mir nach Hause mitzunehmen. Dann würde ich bei der Bürgerinitiative Roya Citoyenne um Rat fragen. Dieser Entschluss brachte mich in Gefahr, denn es war verboten, Personen ohne gültige Aufenthaltspapiere zu befördern, selbst wenn sie später vielleicht einen legalen Status erhielten. Aber für mich war jedes Individuum, auch ohne Papiere, ein vollwertiger Mensch und hatte Anspruch auf Hilfe.

Kurz darauf war die Familie mit nichts als zwei kleinen, ein paar Kilo leichten Rucksäcken startklar. Sie konnten wieder lächeln, ihre Augen leuchteten. Der Italiener straffte sich und sah mich argwöhnisch an: »Was tust du da?«

»Nichts, wir gehen nur in der Stadt was essen.«

Er wusste, dass ich log, ließ uns aber fahren. Wir gelangten ohne Probleme nach Breil. Einige Wochen zuvor hatte ich einen Wohnwagen gekauft, als Unterkunft für die WWOOFer, jene Freiwilligen, die eine Zeitlang beim Bioanbau helfen. Mein Bruder, der sich regelmäßig Baumaterial mit dem Helikopter zu seinem hoch gelegenen Haus bringen lässt, vermittelte mir den Kontakt zu der Firma, die den Wohnwagen dann zu mir hinaufbeförderte. Die Mitglieder dieser Familie waren meine ersten Gäste.

6. Das aufgegebene Royatal

Damals wusste ich weder etwas über Asylrecht noch über Eritrea oder den Sudan. Von Libyen hatte ich dank Sarkozy und seinem Freund Gaddafi schon gehört, aber mehr auch nicht. Ich bin weder Historiker noch Geograf und schon gar kein Politiker, aber ich lebte seit dreizehn Jahren in diesem Tal, und zu sehen, wie diese Grenzen aus ihrer Asche wiederauferstanden, stellte mich vor Fragen. Wie konnte im Schengenraum die Personenfreizügigkeit derart eingeschränkt werden? Warum blieb Frankreich gegenüber dem Los dieser Menschen gleichgültig? Die Art und Weise, wie der Staat mit dieser Situation umging, erschien mir verantwortungslos. Wie konnten sie von Paris aus entscheiden, das Royatal aufzugeben und diese Migranten im Stich zu lassen?

Für unser Tal war die plötzliche Grenzschließung ein Schock, ein Angriff. Das Royatal war seit jeher eine Durchgangsstation, in der man auf Grenzen pfiff. Bestimmten Personen, die aus Südeuropa kamen und im Allgemeinen dunkelhäutig waren, war das auf einmal nicht mehr möglich.

Das Verrückteste war, dass die Grenzkontrollen im Westen des Royatals wieder eingeführt wurden, als läge es nicht in Frankreich. Das Ergebnis: Es war sehr leicht, von Ventimiglia nach Breil zu kommen, ohne kontrolliert zu werden. Doch wenn man von Breil nach Nizza wollte, sah die Sache ganz anders aus. War man erst mal drin, erwies sich das Royatal als Fischreuse, aus der man praktisch nicht mehr entkommen konnte.

Ich konnte den Blick der Kinder in der Kirche nicht vergessen. Die Worte des Italieners klangen mir noch in den Ohren: auseinandergerissene Familien, Kinder auf der Autobahn, Mädchen in den Autos ihrer Schleuser vergewaltigt. Mein Kopf brannte. Wie ließ sich verhindern, dass diese Kids ihr Leben riskierten? Es ging nicht mehr an, sich zu sagen, alles sei in Ordnung, während fünfzehnjährige Mädchen »in Kauf nahmen«, vergewaltigt zu werden, um es nach Nizza oder Marseille zu schaffen. Kinder konnte man unmöglich so behandeln.

Die Wochen vergingen, mir brannte immer noch der Kopf. Wie weit sollte ich mich engagieren? Welche Risiken eingehen? Im Allgemeinen verfahre ich mit meinen Wünschen und Plänen wie mit allem, was mir lieb ist, mit Leidenschaft und Beharrlichkeit, was eine Stärke und zugleich eine Schwäche ist. Wenn ich etwas mache, mache ich es ganz. Und jetzt, ganz und gar unentschlossen, war ich außerstande, eine endgültige Entscheidung zu treffen. Wenn ich gewusst hätte, dass das Beherbergen dieser beiden kleinen Familien mich derart verstören würde …

Ungehorsam sein

Ursprünglich bin ich alles andere als ein Aktivist. Ich gehe nie auf Demos, Menschenmengen machen mir Angst. Meine einzige Demo war die 2002 gegen die Kandidatur von Jean-Marie Le Pen in der Stichwahl um die Präsidentschaft. 2015 hatte mich Suzel Prio von der Bürgerinitiative Roya Citoyenne gebeten, ein paar geflüchtete junge Männer aufzunehmen, aber ich wollte nicht. Ich hatte schon einmal Tunesiern geholfen, die es infolge des Arabischen Frühlings nach Europa verschlagen hatte, aber nicht aus politischen Gründen. Ich fand es mühsam und nicht sehr spaßig, sich politisch zu engagieren. Ich zog die heiteren Aspekte des Lebens vor und liebte die Menschheit nicht genug, um sie retten zu wollen.

Trotz meiner anarchistischen Seite vertraute ich in gewisser Weise auf den Staat, wie so viele Leute. Der aber hatte ein zynisches Spiel eingeführt, das Menschen zwingt, sich in Gefahr zu begeben. Die Spielregel: Man muss leiden, um nach Frankreich einzureisen, sogar sein Leben riskieren. Dieses morbide Kalkül zwingt aus Respekt vor dem Leben geradezu zum Ungehorsam. Solange man die Exilierten nicht kennt, erschrickt man vielleicht wie ich, als ich sie in Menton auf den Felsen sah und beunruhigt war. In dieser Situation hat man mehrere Möglichkeiten. Man wird aktiv und fühlt sich besser; man setzt Scheuklappen auf, wie ich es anfangs noch konnte; oder man weist diese Menschen zurück wie Feinde, Eindringlinge, eine Gefahr.

Sähen diese Menschen aus wie wir, gäbe es mehr Empathie. Im vorliegenden Fall jedoch fällt sie uns schwer. Die Geflüchteten teilen weder Sprache noch Kultur mit uns. Man kann sich nicht mit ihnen identifizieren, solange man sie nicht kennengelernt hat. Es ist wie mit den Obdachlosen. Wer spricht schon mit ihnen? Sehr wenige. Aber angenommen, blonde Mädchen mit blauen Augen würden ohne ihre Eltern durchs Royatal irren – wie könnte die Justiz jemanden verurteilen, der diesen Goldlöckchen Beistand leistet? Eher noch würde sie den Schuft anklagen, der einfach weiterfährt.

Wenn das Recht mit Füßen getreten wird, müssen die Bürger sich dagegen wehren. Demokratie besteht nicht nur darin, die Macht an Volksvertreter zu delegieren. Die Intuition, die mich seit meiner Kindheit leitet und mich dazu bewogen hat, einen

Teil von Afrika zu durchqueren und in einem Olivenhain zu leben, sagte mir schließlich: Augen zu und durch! Mehr noch, es war Überzeugung. Es würde schwierig werden, aber mir wurde immer klarer: Die Angst, die mich bis jetzt vom Hinschauen abgehalten hatte, wurde jetzt mein Antrieb.

Meine »Mission«

Mai 2016. Der Ginster blühte noch, auch der Perückenstrauch. Auf einer Fete in Breil-sur-Roya traf ich Lucile: Mitte zwanzig, gepflegte blonde Dreadlocks, Bauchtasche und grobe Wanderschuhe, lebhaft und spontan, starker ostfranzösischer Akzent. Sie suchte eine Möglichkeit, als Freiwillige an der Grenze festsitzenden Menschen zu helfen. Ich lud sie ein, ihr Zelt ein paar Tage bei mir aufzuschlagen. Bei der Gelegenheit könne sie mir auch beim Ausmisten des Hühnerstalls helfen. Sie war unabhängig, eine Einzelgängerin, aber sehr gesellig. Sie blieb ein paar Tage, und ich vertraute ihr meine Bedrängnis an. Sie sagte, sie würde mir helfen, wenn ich mich dazu entschlösse, Leute aufzunehmen. Dann verschwand sie, um jugendliche No-Borders-Aktivisten zu unterstützen, die in Ventimiglia ein Haus besetzt hatten. Ich war wieder allein mit meinen Zweifeln.

Ich beteiligte mich an einigen Aktionen von Roya citoyenne, die mehr denn je Hilfe brauchten. Wir fuhren nach Ventimiglia und verteilten Lebensmittel, aber die Polizei vertrieb uns – wir mussten an die hundert Kilo Reissalat wegwerfen. Ein paar Monate später, im August 2016, verbot der Bürgermeister von Ventimiglia die Verteilung ganz, angeblich wegen mangelnder Hygiene und weil das Rotkreuz-Camp ausreiche, um all diese Menschen in Not zu ernähren. Doch das hatte nur Platz für 360 Menschen, und unter der Autobahnbrücke hausten Tau-

sende ... Dort verteilten die Bürgerinitiativen Snacks in Plastiktüten, heimlich wie Dealer, die Shit verticken.

Selbst wenn ich Bock darauf gehabt hätte, ich sah nicht, wie
ich besser helfen konnte. Doch wie ich es jetzt tat, gefiel mir
nicht. Konnte ich nicht dauerhafte Lösungen finden? Da ich
weiter meine Zweifel hatte, kehrte ich zu deren Ursprung zurück, zur Kirche Sant'Antonio.

Dort verging die Zeit langsam. Draußen hatten es alle eilig,
drinnen war es ruhig, die hier untergekommenen Menschen
hatten zu essen und waren geschützt. Von weitem sah ich Don
Rito, den Gemeindepfarrer. Er flößte mir kein Vertrauen ein, ich
weiß nicht, warum – vielleicht war es seine Ausstrahlung, vielleicht einfach mein generelles Misstrauen gegenüber Geistli-
chen. Damals glaubte ich, dass er nur aus Christenpflicht so
handelte, um ein reines Gewissen zu haben, aber womöglich
der perfekte Spitzel für die Bullen war, die die Aktivisten jagten.
Ich täuschte mich, das merkte ich später.

Ich schlug einer eritreischen Familie vor, mit zu mir zu kommen, dann würden wir eine Lösung suchen. Meine Entscheidung war gefallen, meine »Mission« war die wirkungsvollste,
aber auch riskanteste: ihnen über die Grenze zu helfen. Ich
würde die Verletzlichsten – Kinder, Jugendliche, Familien, Behinderte – aufnehmen. Und ich würde Bürgerinitiativen in
Frankreich, in der Schweiz, Deutschland oder Belgien kontak-
tieren, die ihnen weiterhelfen konnten. Mein eigentliches Ziel
war dabei nicht, ihnen über die Grenze zu helfen, sondern ihnen Risiken zu ersparen.

Einfach wie Hubert

Hubert Jourdan war damals der Einzige in den Alpes Maritimes,
der sich öffentlich dazu bekannte, Migranten bei sich aufzu-

nehmen, seit vielen Jahren. Die Wenigen im Royatal, die es ebenfalls taten, taten es diskret, hinter zugezogenen Vorhängen, und sie vermieden es, am Telefon darüber zu reden. Hubert hingegen war das Risiko egal.

Ich fragte ihn: »Wie muss man sich organisieren, um Leute aufzunehmen?«

»Wenn deine Cousine, deine Nichte, dein Kumpel oder dein Nachbar dich besuchen kommt, was tust du dann? Eben, genau so machst du's!«, antwortete er.

Bei weitem die beste Antwort, die ich zur Organisation der Aufnahme bekommen konnte.

Hubert war über sechzig, er hatte vor mehr als vierzig Jahren zwei Jahre lang bei Abbé Pierre gearbeitet, aber das erfuhr ich erst viel später. Er war auch für große NGOs in humanitären Camps im Ausland gewesen, vor allem in Afghanistan. Jetzt besetzte er mit anderen zusammen Gebäude in Nizza, richtete Anfragen an die Präfektur, organisierte Unterkünfte bei den Bürgern. Er war schließlich daran verzweifelt, dass er sein ganzes Adressbuch abtelefonieren musste, um in Nizza jemanden zu finden, der bereit war, »eine junge Frau und ihr sechs Monate altes Baby« aufzunehmen. Statt sich weiter rumzustreiten, hatte er seine Baracke in La Colle-sur-Loup aufgemacht, um alle aufzunehmen, die sonst niemand haben wollte. Als Sohn eines Staatsanwalts war er zur Achtung vor Recht und Gesetz erzogen worden. Für ihn war sein Handeln ein Kampf gegen die Ungerechtigkeit, für die Moral, die sein Vater ihm beigebracht hatte, und für die elementarste Gerechtigkeit, auch wenn das nicht immer die des geltenden Rechts ist.

Ich fragte ihn im Frühjahr 2016 öfter um Rat. Damals beherbergte er täglich zwischen zehn und dreißig Personen, und daneben arbeitete er für Habitat et Citoyenneté, eine Initiative, die nach Lösungen für obdachlose Familien sucht. Sie übernimmt den Kontakt zu den Behörden für sie und betreibt einen solidarischen Lebensmittelladen. Hubert lebt Tag und Nacht für den Kampf gegen die Prekarität. Ich verbringe meine Zeit gern mit ihm; bei ihm wird alles einfach, er ist, wie ich auch, ein Pragmatiker.

Zufällig traf ich Lucile in Menton wieder. Das besetzte Haus in Ventimiglia war geräumt worden, sie wartete auf ihren Prozess und hatte dort Aufenthaltsverbot. Ich schlug ihr vor, mitzukommen und den ersten »Internationalen Campingplatz im Royatal« mit mir aufzumachen. Sie war einverstanden. Ich ahnte, dass es nicht lange dauern würde – früher oder später würde man mich in flagranti erwischen und als »Schleuser« verhaften, und dann würde ich vielleicht im Gefängnis landen.

8. Petit Bouddha

Der Kleine beobachtet mich, ein eingefrorenes Lächeln auf den
Lippen. Seit seiner Ankunft hat er kein Wort gesprochen. Ein
kleiner Buddha, könnte man meinen. Dieses Lächeln ist wie ein
Spiegel oder Schutzschild, von dem die Unbilden des Lebens
abprallen. Seine Augen sind mit Tränen bewehrt, die nie herab-
fließen, in jedem Auge eine. Mit seinen glatten schwarzen
Haaren, großen, mandelförmigen Augen und fein geschnittenen, zarten Lippen sieht er wie ein Indianer aus. Sein Blick
hatte den Ausschlag gegeben, dass ich seine Familie und nicht
eine andere mitnahm.

Der Junge betrachtet die vierhundert Küken, die gerade in
kleinen Schachteln angekommen sind, um die alten Legehen-
nen aufzufrischen. Ich setze sie in ein Kükenhaus unter die
wärmende Lampe, und ihr Gepiepse ist so laut, dass ich Ohren-
schützer trage. Beobachtungszeit: Haben sie Hunger oder
Durst, ist ihnen kalt oder warm? In den ersten Tagen sind sie so
fragil, dass ein mit kaltem Regen vermischter stärkerer Wind-
stoß genügte, und man fände sie mit beiden Beinchen in der
Luft wieder. Ich rede mit ihnen, um sie an meine Stimme zu
gewöhnen, und stoße komische kleine Geräusche aus, um sie
zu beruhigen. In drei Wochen haben sie nichts mehr zu befürchten. Wie der Kleine, der hier in Sicherheit ist und mir auf

Schritt und Tritt folgt. Ich kriege nicht raus, ob er traurig ist oder froh oder beides zugleich.

Während die Arbeit auf dem Hof weitergeht, wächst langsam der internationale Campingplatz aus dem Boden. Ein zweiter Wohnwagen ist per Helikopter gekommen. Lucile und ich haben Zelte und Decken aufgetrieben. Die Leute kommen, bleiben ein paar Tage, dann geht's weiter. Ich weiß nichts über sie, denn ich belästige sie lieber nicht mit Fragen. Doch ich ahne, was sie durchgemacht haben: Durchquerung der Sahara, die Hölle Libyens und die Fahrt übers Mittelmeer, eine makabre Lotterie, bei der Angehörige sich aus den Augen verlieren oder untergehen, jede Menge Tragödien. Alle sind sie Überlebende, für die es schon eine Großtat ist, dass sie es bis zu mir geschafft haben. Ich schenke ihnen ein paar Momente der Erholung, bevor sie von neuem der Brutalität und den Unsicherheiten des Umherirrens die Stirn bieten müssen.

9. Olivenfest

2016 hatte ich gerade mit dem Olivenfest aufgehört, das ich seit 2006 auf dem Dorfplatz von Libre, einem Weiler bei Breil, organisierte. Mein Bruder Morgan und ich hatten es ins Leben gerufen, um die reiche Ernte zu feiern. Ich war sehr überrascht gewesen, dass es dieses Fest im Royatal, dem Land der Oliven, nicht gab. Weil wir überzeugt sind, dass Menschen Anlässe brauchen, sich zu treffen, haben wir das ganze Dorf zum Essen eingeladen. Morgan opferte ein Zicklein, das sich am Spieß drehte, und es gab Musik – ein richtiges okzitanisches *balèti*.

Anfangs kamen vor allem unsere Freunde. Dann dauerte das Fest jedes Jahr ein Wochenende lang und wurde immer größer. Am Ende wurden mehr als sechshundert Besucher gezählt, es gab Konzerte von sieben Uhr abends bis drei Uhr morgens: Punk, Jazz, Ska, Rock, Electro ... Viele warteten ungeduldig auf das selbstverwaltete Fest, das die Landwirtschaft und eine andere Art zu produzieren und zu konsumieren symbolisierte. Wir haben es nie geschafft, die örtlichen Bauern zum Mitmachen zu bewegen, nur einige von ihnen kamen. Sie hatten immer das Gefühl, überrannt zu werden, und fanden alle möglichen Ausreden, um uns zu entmutigen.

Wir Organisatoren waren zu dritt. Dutzende Freiwillige kümmerten sich spontan um die Bar, die Kasse und das Saubermachen. Jeder kannte seine Aufgabe, nur das Rathaus nicht, das sich weigerte, uns die gemeindeeigenen Tische und Stühle zur Verfügung zu stellen, und Genehmigungen nur schleppend erteilte. Aber wir hatten die Gendarmen auf unserer Seite, so entstanden gute Beziehungen, die uns später nutzten, wenn wir Exilierten halfen. Sie sagten:»Auch wenn der Herr Bürgermeister sich zurückhält, euer Fest ist vorbildlich. Seit es dieses Fest gibt, hatten wir nie eine Schlägerei oder irgendeinen Unfall, im Gegensatz zu den traditionellen Festen im Tal. Ihr seid auch die Einzigen, die uns über die Organisation auf dem Laufenden halten.«

Wir hatten eine Initiative gegründet, Aux Arbres (Für die Bäume), selbst finanziert und unsubventioniert. Wir wollten unabhängig sein, was sich bei einem Budget von knapp zehntausend Euro als sehr schwierig erwies. Wir hatten eine gute Idee: Bier. Die Bar ist der Schlüssel zum Erfolg. Wir kauften in Deutschland Druckfässer mit Bier, das wir immer wieder auffüllten und an andere Initiativen für andere Events weiterverkauften. Ich verbrachte meine Wochenenden damit, Festivals und Konzerte zu beliefern – eine Heidenarbeit. Man musste vor Beginn da sein, die Zapfanlagen kontrollieren, Dutzende Fässer eigenhändig ausladen, die Bar organisieren und bis zum Schluss warten, um alles wieder in den Lieferwagen zu laden, ins Royatal zurückzufahren, alles wieder abzuladen und in die Vereinsräume zu bringen. Oft kam ich erst in der Morgendämmerung nach Hause.

Diesen hektischen Rhythmus hielt ich ein paar Jahre durch. 2016 hörte ich auf, ich war es leid, mich ständig mit dem Bürgermeister und mit Nachbarn rumzustreiten, die wegen des Lärms schimpften, und mit den Initiativen, die Monate brauchten, um uns das Bier zu bezahlen. Diese freiwillige Arbeit zehrte an meiner Zeit und an meiner Arbeit als Bauer, ich hatte die Welt der Initiativen satt, ich wollte wie alle anderen mit den

Händen in den Taschen zum Fest erscheinen und in vollen Zügen genießen.

Mit dem Fest aufzuhören, das ein wenig mein Baby war, fiel mir schwer. Ich hatte es auf die Welt kommen und groß werden sehen, und nun ließ ich es sterben. Aber als der Entschluss gefasst war, fühlte ich mich befreit – ohne zu wissen, dass ich mich bald in ein anderes kollektives Abenteuer stürzen würde. Der Vorteil war, dass ich zehn Jahre lang gelernt hatte, für sechshundert Personen zu planen, wo sie pinkeln, schlafen, essen und trinken konnten – Probleme, mit denen ich bald wieder konfrontiert wäre.

10. Kalt und pragmatisch

Sommer 2016. Innerhalb eines Monats habe ich an die dreißig Personen über die Grenze gebracht, und meine Stimmung hat sich geändert. Wenn ich jetzt nach Ventimiglia hinunterfahre, bin ich wie ein Tier. Ich beobachte. Die Leute, die Autos, die Bullen, die Schleuser. In der Kirche bin ich bekannt wie ein bunter Hund. Die Entscheidung, wen ich mitnehmen soll, fällt mir jedes Mal schwerer, ich versuche, möglichst pragmatisch zu sein. Mich nicht vom Gefühl leiten zu lassen. Diejenigen auszusuchen, die es am Nötigsten haben. Ich nutze die Ablenkung durch die Aktivisten, die eilig Plastiktüten mit Essen verteilen. Wenn sie da sind, sind die Bullen beschäftigt.

Die Kirche ist von Mal zu Mal voller. Ich versuche, die Kids, die es allzu eilig haben, zu überzeugen, auf mich zu warten. Aber sie wollen so schnell wie möglich über die Grenze, selbst wenn sie die Autobahn entlanglaufen müssen. Während ich eine Familie in meinen C15 lade, packt mich eine alte Italienerin zeternd am Arm und gibt mir die Schuld an den Geschehnissen in ihrer Straße. Wir haben beide damit Probleme, entgegne ich, aber unterschiedliche Lösungen: Ich bringe die Leute aus Ventimiglia weg, auch von ihrem Haus, und sie beschimpft sie bloß.

Während der Fahrt haben die Familien Angst vor mir, ich bin kalt und unnahbar, wie ein wildes Tier, das niemand stoppen kann. Die Schleuser in Ventimiglia sehen mich böse an, sagen

aber nichts. Mittlerweile weine ich innerlich auf jeder Rückfahrt, ich ertrage den Geruch der Angst nicht mehr. Ich halte es
nicht mehr aus, Menschen in mein Auto zu quetschen, die ver-
ständnislosen Blicke der Kinder zu sehen, wenn ich sie unter
einer Decke verstecke, die Angst der Eltern zu spüren.

Wie soll man einem Kind erklären, dass seine Hautfarbe versteckt werden muss? Dass das Land, in dem es aufwachsen und
seine Liebesbeziehungen, seinen Beruf und seine Familie aufbauen wird, es wegen seiner Hautfarbe nicht wollte? Im Royatal
herrscht Staatsterror.

Staatlicher Rassismus

Als ich später bei Radio Europe 1 den »staatlichen Rassismus«
und die »Jagd auf Schwarze« anprangerte, sagte der Abgeordnete Éric Ciotti, das sei eine Beleidigung der Polizei und Frankreichs, meine Äußerungen seien infam und unwürdig… Und
der Innenminister persönlich bestritt, dass es Kontrollen aufgrund der Hautfarbe gebe. Aber sind die wieder eingeführten
Grenzkontrollen etwa nicht rassistisch motiviert? Der Kampf
gegen die Einwanderung kein staatlicher Rassismus? Was
denkt sich der Minister, wenn er den Polizisten befiehlt, den
Zustrom von Flüchtlingen zu kontrollieren: dass sie blauäugige
Blondschöpfe anhalten, um zu überprüfen, ob sie afrikanischer
Herkunft sind?

Das Royatal wird der Gewalt und dem Rassismus geopfert.
Es gehört nicht mehr zu Frankreich, es ist Niemandsland, ein
Ort, wo der Staat das Recht auf den Kopf stellt und manche
Bewohner darauf reagieren, indem sie auf die staatlichen An-
ordnungen pfeifen. Ich höre, wie die Präfekten, Minister und
Politiker in Paris unsere Aktionen anprangern: eine »ultralin-
ke« Gruppe, »No Borders«, die die Abschaffung der Grenzen

fordern, »Verantwortungslose« oder »Naive«. Nein, verdammt! Am liebsten würde ich sie an der Krawatte hierherzerren, damit sie nur eine einzige Nacht bei uns verbringen. Ich würde ihnen die Jugendlichen vorstellen, deren Füße von den Fußmärschen in ungeeigneten Schuhen durch Wald und Feld, entlang der Eisenbahngleise oder auf der Straße geschwollen und aufgesprungen sind. Ich würde sie zwingen, das infolge der Folterungen in Libyen entzündete Gewebe zu berühren. Ihnen zeigen, welche Spuren ein Nagel zwischen Hoden und Anus eines Siebzehnjährigen hinterlassen hat. Ich würde diese Demagogen mit den glatten, sauberen Händen am liebsten bitten, ihre Anweisungen persönlich in die Tat umzusetzen: Holen Sie sie doch selbst! Schicken Sie sie selbst nach Italien oder Libyen zurück, wie Sie angeordnet haben! Erklären Sie dem Mädchen, das über Bauchweh klagt, dass sie von ihrem libyschen Vergewaltiger schwanger ist!

Aufnahmekrise

Die Männer in Grau tun mir leid. Ihre Gefühllosigkeit bestürzt mich. Wir haben ihnen aus Feigheit unsere Macht überlassen – und sie missbrauchen sie, um zu diskriminieren, zugleich Richter und Partei zu sein. Das Resultat dieser schlechten, demagogischen Politik ist Misshandlung. In ihren Reden behaupten die Politiker, die Migranten gefährdeten die öffentliche Sicherheit und Ordnung. Doch für diese Gefährdung ist der Staat selbst verantwortlich. Die Werte unserer Republik werden von denjenigen mit Füßen getreten, die mit ihrem Schutz betraut sind. Der Präfekt ist der »bewaffnete Arm« einer Politik, die aus reinem Populismus die Zahlen der Rückführungsstatistik in die Höhe treibt und unterschiedslos Männer, Frauen und Minderjährige abschieben lässt.

Im »Kampf gegen die illegale Einwanderung« sind die Grenzkontrollen vor allem eine Botschaft. Der Präfekt verkündet regelmäßig, er schicke Tausende von Menschen nach Italien zurück, aber seine Rechnung ist falsch. Er lässt mehrmals ein und dieselben Geflüchteten »entfernen«, denn die versuchen ihr Glück immer wieder aufs Neue, bis sie es schaffen. Mit dieser Politik schwächt die Regierung die extreme Rechte nicht, wie sie behauptet, im Gegenteil, sie stärkt sie. Die aufgeblasenen Zahlen sollen glauben machen, es gäbe eine »Flüchtlingskrise«, dabei handelt es sich um eine Aufnahmekrise – man will die Aufnahme nicht organisieren, obwohl das Völkerrecht und die internationalen Abkommen uns dazu verpflichten.

11. Über die Grenze

Sobald das Fahrzeug in Ventimiglia beladen war, herrschte tiefes, angespanntes Schweigen. Ich fuhr mal schneller, mal langsamer, um herauszufinden, ob ich verfolgt wurde. In diesem Fall kehrte ich um oder machte halt vor einer Bar. Ich musste nach vorn und nach hinten schauen. Wenn ich weinte, war da nur Sand, meine Augen brannten, tränten aber nicht. Gern hätte ich, wie Petit Bouddha, eine Träne in jedem Auge gehabt, die für immer dort blieb, nur zum Befeuchten. Mein Mund schmeckte nach Eisen, als ob mein Magen blutete.

Petit Bouddha folgte mir überallhin, rannte aber nie; er hörte mir zu, ohne zu antworten. Er trug ein kurzes weißes Hemd. Seine Eltern wussten nicht, wie alt er war, zudem ähnelte er seinen drei Schwestern nicht. Ich begriff schnell, dass sie ihn erst vor kurzem aufgelesen hatten. Vermutlich waren seine richtigen Eltern im Meer, in Libyen oder in der Wüste umgekommen; seither war er verstummt, aber seine Lippen deuteten immer ein Lächeln an. Er hielt sich aufrecht, kerzengerade, immer zwei Tränen in den Augen, die mich fest im Blick behielten. Ich hatte ihn sehr gern.

Wir beobachteten die Küken, die überall herumhüpften. Mittags gesellten wir uns zum Rest der Familie, den Eltern und ihren drei kleinen Töchtern. Seit ein paar Wochen aß ich nicht mehr allein. Der Tisch auf meiner Terrasse war gedeckt – Reis mit Gemüse, wie üblich. Ungeduldig warteten wir darauf, dass die Tomaten reif wurden, ein oder zwei Wochen noch.

Vorausfahrzeug

Lucile und ich kannten uns allmählich gut. Einziges Manko: Sie war hyperaktiv, was mich dazu zwang, es auch ein bisschen zu sein. Mal machte sie das Essen, mal ich, oder die Eltern wechselten sich ab. Nachmittags arbeiteten wir im Garten, kümmerten uns um die Hühner, sammelten die Eier ein. Donnerstags lieferten wir die Erzeugnisse aus und fuhren unsere Gäste zu einem Bahnhof weit hinter Nizza. Kinder herumzukarren, die zwischen zwei Stapeln Eierpaletten versteckt sind, kam uns schließlich derart normal vor, dass wir uns wunderten, wenn manche Freunde von Roya citoyenne »leer« nach Nizza fuhren.

»Wie, ihr habt niemanden mitgenommen?«, fragten wir sie ungläubig.

Ermaßen wir das Risiko noch? Ich bin nicht sicher. Anfangs war die Straße vom italienischen Ventimiglia ins französische Breil nicht überwacht. Die einzige Gefahr war, dass die Bullen sahen, wie ich bei der Kirche Leute ins Auto lud. Dort trieben sich französische Zivilpolizisten herum, aber wie sollte ich die erkennen, zumal, wenn sie sich als »Gesindel« verkleidet hatten? Bis jetzt waren wir ihnen zum Glück entgangen.

Die Straße von Breil nach Nizza hingegen wurde von der Polizei viel engmaschiger überwacht. Wir starteten in der Morgendämmerung. Lucile fuhr mit dem Kastenwagen voraus, der mit Hoferzeugnissen beladen war. Ich folgte sechs Minuten später mit unseren »Reisenden«. An jeder kritischen Stelle rief Lucile mich an. Wenn sie auf Bullen traf, kein Anruf. In dem Fall verließ ich die Strecke und fuhr ziellos herum oder hielt an. Sie beeilte sich, zu uns zurückzufahren, damit wir nicht lange warten mussten, denn mit meinen hinten zusammengepferchten »Reisenden« war das riskant.

Ihre Rolle erwies sich als schwierig und stressig, aber unsere fast symbiotische Verbindung erleichterte unsere Aktionen. Allein der Klang ihrer Stimme verriet mir, ob die Straße sicher war, ob etwas sie nervös machte oder ob sie Angst hatte. Wenn ich mit Mitstreitern von Roya citoyenne »Reisende« transportierte, war das ganz anders. Viele hielten sich nicht an die Abmachungen, manche telefonierten am Steuer und gingen dadurch ein unnötiges Risiko ein; andere dachten, das Ganze sei ein Spiel, und hielten sich weder an den Abstand zwischen den beiden Autos noch an die Abmachungen für die Telefonate. Jedes Detail zählte. Man sollte nicht sagen: »Achtung, bei der Ausfahrt Monaco sind Bullen«, höchstens: »Ausfahrt Monaco gesperrt«.

Ich habe Autos mit »Reisenden« das Vorausfahrzeug überholen sehen … Der Grund? Der Fahrer wollte pinkeln! »Die Bürgerinitiative Roya citoyenne, eine perfekt organisierte Bande!«, behaupteten der Präfekt und der Staatsanwalt später. Sie hatten keine Ahnung von der Wirklichkeit.

Es funktioniert

Wenn ich Personen von Ventimiglia mitbrachte, erwartete Lucile sie unten am Weg, beruhigte sie und gewann ihr Vertrauen. Später hielt sie Kontakt zu den Familien und blieb in enger Verbindung mit ihnen. Ich dagegen wollte Abstand halten und sie vergessen, sobald sie weg waren. Zumindest versuchte ich es. Ciao, Petit Bouddha …

Zu der Zeit verlief das Leben bei mir ziemlich normal, in einer Art Ferienstimmung. Auch wenn wir nicht dieselbe Sprache sprachen, waren wir heiter, zumal sich die Gesichter unserer Gäste innerhalb weniger Tage veränderten; ihre Züge wurden gelöster, ihre Brauen entspannten sich, sogar ihr Schritt schien beschwingter zu werden. Abends tranken Lucile und ich Bier bis spät in die Nacht. Betrunken sein hilft, die Dinge nicht mehr so ernst zu nehmen und sich Fantasiewelten auszudenken, um die Brutalität der Umstände aus dem Kopf zu kriegen.

Mit Huberts Hilfe, der uns Ratschläge gab und Kontakte vermittelte, baute Lucile ein gutes Netzwerk auf, dank dem unsere »Reisenden« überall in Frankreich Unterkünfte fanden, vor allem bei Privatpersonen. Man holte die Migranten am Ankunftsbahnhof ab, das ist wichtig. Auch die Pläne, wie wir an Zelte und Decken kamen, funktionierten großartig. Wir baten um zehn und erhielten hundert.

Bei all dem habe ich mich bemüht, Lucile zu schützen. Mit mir zusammen nach Ventimiglia zu fahren, war verboten! Kein Freiwilliger nahm an Fahrten über die Grenze teil; ich zog es vor, allein in Polizeigewahrsam genommen zu werden. Lucile war stark, aber wild, und ich glaubte nicht, dass sie einem Gefängnisaufenthalt standhalten würde; als junge Frau hätte sie eine Menge einstecken müssen.

Während ihrer Zeit im Royatal hat sie solche emotionalen Achterbahnfahrten erlebt, dass ihr das Leben nach ihrem Abschied im März 2017 fade vorkam. »Wenn du ins ›normale‹ Leben zurückkehrst, erscheint dir alles flach«, erklärte sie mir. »Es fühlt sich fast an, als wäre man tot. Im Royatal habe ich Gefühle entdeckt, die ich vorher nicht kannte oder die sich verzehnfacht haben. Das hat mich enorm anpassungsfähig gemacht und mir sogar geholfen, einen Job zu bekommen.«

12. Schleuser

Der Bahnhof von Ventimiglia ist voller Menschen. Die Schleuser treiben nach Nationalitäten sortierte Gruppen von Migranten vor sich her. Unter ihnen erkenne ich ein Mädchen aus der Kirche wieder, ich fasse sie an der Schulter und halte sie zurück. Der Schleuser kommt auf mich zu. Ich schreie ihn an: »Einen Schritt weiter, und ich polier dir die Fresse und verpfeif dich bei den Bullen da drüben!«

Er schaut mich drohend an, dann wendet er sich wieder seinen Geschäften zu. Er benimmt sich wie der Herr im Haus, unantastbar, und organisiert seinen Menschenhandel wie ein Viehhändler Schafe. Er stellt Gruppen zusammen, lädt sie ins Auto und kassiert, die italienischen Bullen schauen tatenlos zu. Unbehelligt profitiert der Schleuser von den geschlossenen Grenzen und betreibt sein Business. Je härter die Repressionen gegen die Geflüchteten, desto höher sein Tarif. Hier wird alles verkauft: Dienstleistungen, Telefonnummern und die Körper junger Mädchen.

Wenn man künstliche Barrieren errichtet, um Menschen ohne Geld auszusperren, schafft man ein System, das die Gesellschaft sehr viel mehr kostet, den Menschenhandel. Schleuser werden verteufelt, aber ich wiederhole: Wenn man die Bullen abzieht, gibt es keine Schleuser mehr. Es ist wie mit den Drogen – die Kriminalisierung erzeugt den illegalen Handel erst.

Rechenaufgabe

Ein paar Monate später kam ich nach einer Verhaftung in der »Mausefalle«, das ist das Untersuchungsgefängnis des Justizpalasts in Nizza, mit fünf Schleusern in Kontakt. Ich unterhielt mich durch die Gitterstäbe mit einem von ihnen, der am Steuer eines Transporters festgenommen worden war, in dem sich etwa zwanzig Personen befunden hatten. Er weinte, sprach kaum Französisch, ich versuchte ihn zu beruhigen. Man hält all diese Schleuser für Schwerkriminelle, dabei sind es oft Verlorene, illegale Einwanderer, Tagelöhner.

Er erklärte mir, dass er für vier Hin- und Rückfahrten zwischen Ventimiglia und Nizza pro Tag vierhundert Euro bekam. Er brauchte Geld und hatte kaum die Wahl. Er war keiner, der Befehle gab, sondern ein Befehlsempfänger, wie man sie oft unter Straftätern findet. Da er niemanden geschlagen oder bestohlen hatte, wusste er nicht, was er falsch gemacht hatte.

Dank seinen Erklärungen habe ich besser verstanden, was sich an der Grenze wirklich abspielt. In Ventimiglia stellen Anwerber die Gruppen zusammen und kassieren das Geld, dann werden den Fahrern Transporter zur Verfügung gestellt. Weder Fahrer noch Anwerber kennen den Auftraggeber, also denjenigen, der diese Zwischenhändler benutzt. Sie allein tragen das Risiko; der Strippenzieher bleibt unantastbar.

Ich habe kurz überschlagen, wie viel der Auftraggeber pro Tag kassierte. Vier Fahrten mit zwanzig Personen, die je 150 Euro bezahlen, das macht mit 12 000 Euro einen schönen Batzen Geld, minus die 400 Euro für den Fahrer und vermutlich ebenso viel für den Anwerber. Also 11 200 Euro Gewinn pro Tag. Die Schließung der Grenze schadet nicht jedem ... Nach manchen Schätzungen werden mit Menschenhandel weltweit jährlich 27 Milliarden Euro Gewinn gemacht. Aber in der kleinen Stadt Ventimiglia hat die Polizei die Köpfe des Schleuserrings nie geschnappt. Und mein Zellennachbar landete im Gefängnis, während sein Boss ungestört einen Profit von Zehn-, wenn nicht gar Hunderttausenden von Euro machte.

Bullen und Prostitution

Manche Schleuser verkaufen auch nur einen Rat. Da sie schon so manche Grenzüberquerung ausprobiert haben, kennen sie die sicheren Wege und verkaufen dieses Wissen an die Neuankömmlinge. So »arbeiten« sie ein oder zwei Jahre, um ihre Überfahrt nach England zu finanzieren. Andere hingegen sind Arschlöcher und betrügen die Exilierten. Sie tun so, als würden sie sie nach Frankreich fahren, und setzen sie dann in einer anderen italienischen Stadt aus. Die Verrücktesten durchbrechen mit Vollgas die Straßensperren – man kann sich denken, wie gefährlich das für die hinten in den Transporter gepferchten Personen ist. Und dann sind da noch die Taxifahrer, die in Ventimiglia Leute aufnehmen und bei einer Kontrolle die Ahnungslosen spielen, nach dem Motto: »Ich mach nur 'ne Fuhre – ich frag doch nicht, ob der Fahrgast Papiere hat.«

Am Schlimmsten sind die Raubtiere, die die Prostitutionsringe versorgen. Angewidert von den Übergriffen, Belästigungen und Vergewaltigungen, die uns zu Ohren kamen, stellten wir in Ventimiglia Nachforschungen an, um ein Organigramm der größten Schleuserringe zu erstellen – wer sind die Bosse, wie verstecken sich die »Zwischenhändler« unter den Geflüchteten, bevor sie die Fahrten über die Grenze organisieren ... Wir haben diese Liste den Gendarmen und der Grenzpolizei übergeben, mit Telefonnummern, Personenbeschreibungen und ungefährem Alter.

Aber all diese »Ordnungskräfte« scherten sich nicht darum, sie waren zu sehr damit beschäftigt, uns aufzuspüren. Während sie verbissen Jagd auf uns machten, sind mehrere Mädchen vergewaltigt worden und anderen wurde ein kostenloser Grenzübertritt nach Frankreich gegen gewisse »Gefälligkeiten« angeboten, Prostitution. Weder die französischen Behörden noch ihre italienischen Kollegen störten sich an diesen Machenschaften, die sich vor ihren Augen abspielten.

Manche Polizisten beteiligten sich sogar an den Schleuserfahrten, wie jener Wachtmeister, der im Juni 2017 an der Mautstelle von La Turbie vorläufig festgenommen wurde, als er in seinem Peugeot 106 einen Gambier und drei Senegalesen beförderte. Er gestand sieben bis zehn Schleuserfahrten mit je drei bis vier Personen, von denen jeder zwischen 125 und 250 Euro gezahlt hatte. Sein Motiv? Überschuldung. Er verdiente 3000 Euro! Vor Gericht sprach der Polizist, der seit über zwanzig Jahren in Nizza seinen Dienst versah, von einem »großen Fehler«. »Das war kein großer Fehler, das war eine schwerwiegende Straftat, begangen über einen Zeitraum von zweieinhalb Monaten«, korrigierte ihn die vorsitzende Richterin. Er wurde zu achtzehn Monaten Gefängnis ohne Bewährung verurteilt und sofort inhaftiert.

13. Die Lage kippt

Am 11. August 2016 kippte die Situation. An diesem Tag sollte ich spätnachmittags eine Mutter mit ihren beiden Kindern auf dem Parkplatz vor der Kirche in Ventimiglia abholen. Als ich sie in meinen C15 einsteigen ließ, beobachteten uns zwei Frauen auf dem Bürgersteig gegenüber mit traurigen Augen. Auch sie hatten Kinder. Impulsiv lud ich sie ein mitzukommen. Ich war gestresst und hatte fast sofort ein schlechtes, sehr schlechtes Gefühl.

Ventimiglia war zu einem kleinen Calais geworden. Zweitausend Menschen schliefen jede Nacht und schissen jeden Morgen unter dem Autobahnviadukt in der Nähe der Kirche. Am späten Nachmittag nahmen sie den Lidl-Parkplatz unter dem schwankenden blau-gelben Schild in Beschlag, ein paar Schritte von der dunkelgrünen Bude des alten Floristen gegenüber dem Friedhofstor. Ein surrealistisches Bild, dieses Nebeneinander von Tod, Exil und Massenkonsum.

Manche versteckten sich zwischen dem hohen Röhricht, das im ausgetrockneten Bett der Roya wuchs. Sie hatten keinen Ort, um sich zu waschen, und wurden wie Untermenschen, wie Abfall behandelt. Selbst Hunde und Tauben behandelt man nicht so. Am Bahnhof campierten sie auf dem Vorplatz, in der Halle und auf den Treppenstufen, wo die Schleuser immer aggressiver wurden. Aber die Bullen, die Gesichter blau von ihren

Handy-Displays, blieben in ihren Wannen mit den vergitterten Fenstern ungerührt. Sie standen mitten im Chaos, aber das kümmerte sie nicht.

Manche Einwohner hatten genug von den Hunderten Schwarzen, die vor ihren Wohnungen hausten. Das war nicht unbedingt Rassismus, sie hatten es nur satt, direkt neben einem Slum zu wohnen, in dem das ganze Elend der Welt versammelt war. Doch wer war dafür verantwortlich, die Menschen auf der Straße, die keine Toilette hatten, oder die Stadtverwaltung, die keine aufstellen ließ? Die Anwohner hatten das Gefühl, ihre auf Kredit gekauften Wohnungen seien nichts mehr wert. Auf ihren Druck hin berief sich der Bürgermeister auf die Hygiene und verbot die Verteilung von Lebensmitteln und verweigerte den Zugang zu Wasser. Resultat: Auf der Straße vor der Kirche sammelten sich auf dem Gehsteig die Tellerchen mit Futter für die streunenden Katzen. Auf der anderen Seite die »streunenden« Menschen, die unter der Autobahn schliefen und nur heimlich etwas zu essen bekamen.

Schneller machen

Die Atmosphäre verhärtete sich. Die Kirche musste ihre Türen schließen, obwohl sie inzwischen brechend voll war und die dort untergekommenen Menschen unter physisch und psychisch schrecklichen Bedingungen lebten. Don Rito, der mein wichtigster Verbündeter geworden war, sollte in eine andere Gemeinde »versetzt« werden. Offenbar gefielen seine religiösen Überzeugungen, die ihn bewogen, seinen Nächsten zu helfen, seinen Vorgesetzten nicht. Im Mai hatte der italienische Innenminister schon das Rotkreuz-Camp geschlossen. Es gab keine Einrichtung mehr, die Frauen und Kinder oder die Neugeborenen aufnehmen konnte. Sie wurden auf die Straße gesetzt, in den Dreck, die Scheiße und mitten unter die Schleuser.

Ich fuhr langsam das Royatal hinauf, die voll beladene Karre brach in den Kurven fast zusammen. Es stank wie die Pest, sicher hatte sich seit Wochen keine meiner Passagierinnen waschen können. Wie gewöhnlich war die Grenze frei, und ich rief Lucile an, dass wir kommen würden. Seit einiger Zeit fand sie meine fieberhaften Fahrten nicht mehr so gut, sie beschützte unseren »Campingplatz« mehr als ich. Sie hatte recht. Ich ging zu viele Risiken ein, obwohl wir erschöpft waren. Aber ich wollte keine Familien in diesem verkommenen Ventimiglia voller Laster bleiben lassen.

Da die Schließung der Kirche kurz bevorstand, mussten wir schneller machen. Hubert war bereit, die Leute einzusammeln und in den Zug zu setzen. Aber davor musste man sie aus Ventimiglia herausholen, wo es immer schwieriger wurde, nicht aufzufallen. An diesem 17. August überzog ich es mit den acht Personen hinten im C15 und den weinenden Kindern. Auf der Bordsteinkante sitzend, starrte uns ein Weißer mit tätowierten Armen an. Bulle oder nicht? Meist erkannte man sie an der Art, wie sie beobachteten. Als ich seinem Blick begegnete, wandte er die Augen ab, als wollte er sagen: »Ich hab verstanden, was du tust, aber ich misch mich nicht ein.«

Um mich zu beruhigen, sagte ich mir, er sei der Fahrer eines Lieferwagens, der ganz in der Nähe parkte. Er spielte seine Karten gut aus und schläferte mein Misstrauen ein.

Es war gerade dunkel geworden, ich fuhr langsam an der Einmündung des Wegs vorbei, der zu meinem Haus führt. Plötzlich blendeten mich die Scheinwerfer mehrerer Fahrzeuge hinter mir. Das erste überholte mich und setzte sich vor meinen C15. Blaulichter blinkten, Sirenen heulten. Ich bremste und hielt neben der Leitplanke. Der Mann mit den tätowierten

Armen tauchte auf meiner Höhe auf und richtete eine Pistole auf meine linke Schläfe. Die Hände ums Lenkrad geklammert schrie ich: »Ich hab keine Waffe! Es sind Kinder hinten!«

Der Kerl brüllte: »Hände ans Steuer! Hände ans Steuer!«

14. Zurück zum Ausgangspunkt

Der Bulle ließ mich aussteigen, seine Waffe zielte immer noch auf mich. Drei Männer in Zivil deuteten auf die mit einem Tuch verhüllten Scheiben der Hecktür. Ich versuchte sie zu beschwichtigen: »Es sind Kinder an Bord.« Und die Kinder versuchte ich beim Aufmachen zu beruhigen: »No problem, no problem.« Aber natürlich gab's ein Problem, und meine Passagiere hatten das längst begriffen und schrien.

Sie fesselten mich mit Handschellen seitlich ans Auto. Der Umgang zwischen den italienischen und französischen Bullen war seltsam. Jeder sprach in seiner Sprache und verstand die anderen eigentlich nicht. Dass sie so erregt waren, beruhigte mich kaum.

»Halten die jetzt bald mal ihre verdammte Klappe?«, schnauzte mich ein Polizist an.

Ich antwortete, sie hätten Angst vor ihnen, was den Tätowierten noch mehr nervte. Ich dachte an Lucile, die, nur wenige Meter von mir entfernt, sicher in Panik war: Sie musste allein fürs Weiterkommen von Selam und ihrer Tochter sorgen, die ich bei meiner letzten Fahrt aus Ventimiglia mitgebracht hatte.

Die Bullen wollten meinen C15 beschlagnahmen, um meine Passagiere zur Grenzpolizei in Menton zu bringen.

»Können Sie keinen Minibus kommen lassen? Meine Karre ist völlig verdreckt und überladen.«

Sie lachten: »Das hat dich nicht dran gehindert, sie in deiner Schrottkarre hierherzubringen.«

Ich war noch nie mit Handschellen gefesselt und in Polizeigewahrsam gebracht worden. Eine Kindheitswunde zerrte an meiner Schulter, die Folge einer Knochenmarksentzündung, die ich mit vier Jahren durchgemacht hatte. Ich dachte vor allem an die Kleinen, ich war furchtbar wütend auf mich, ich hatte Scheiße gebaut, Lucile hatte recht gehabt.

Vor dem Grenzpolizeiposten machten die Bullen Selfies mit ihrer Beute. Stolz auf sich forderten sie ihre Kollegen auf, den »Scheißegeruch« im Auto zu schnuppern, sie lachten glücklich, es hagelte rassistische Witze. Ich war traurig, empört und schämte mich. Und ich glaubte, die Eritreerinnen nähmen es mir übel, dass ich sie nach den vier Stunden im Laderaum in diese elende Lage gebracht hatte. Doch nein, im Gehen flüsterte mir jede mit gesenktem Kopf ein »sorry« zu. Eine Frau in Uniform brüllte, wir sollten schweigen, aber die Prozession ging weiter, mit fast wieder ruhigen »sorrys« und einem Lächeln, das dem von Petit Bouddha glich.

Auf einmal verstand ich es. Es war das Lächeln der Resilienz. Etwas wie eine Blase bildete sich um uns herum, das Gebrüll der Bullen erlosch, die Zeit verlangsamte sich, meine Augen brannten und in meinem Mund war wieder der Geschmack von Blut. Die Welt um uns herum existierte nicht mehr, die Formen lösten sich auf, die Polizisten wurden Gespenster.

Plötzlich zerrte ein Bulle mich von meinem Sitz.

Plemplem

Im Keller des Kommissariats hatte ich Angst, im Gefängnis zu landen. Diese Angst, die seit Wochen als Albtraum über mir schwebte, schien nun Realität zu werden. Ein Polizist, der netter war als die anderen, fragte mich, ob ich einen Anwalt wolle. Zwei Stunden später war Françoise Cotta da, sie wirkte ruhig. Ich fragte sie: »Was soll ich sagen?«

Sie verdrehte die Augen zum Himmel: »Sag, was du willst, entweder du machst auf plemplem, oder du stehst dazu!«

Als der Tätowierte sie fragte, ob sie der Anhörung beiwohnen wolle, lachte sie auf: »Was soll ich denn da?! Meine Rolle ist es, zu verteidigen und zu plädieren, nicht Ihnen bei der Arbeit zuzuschauen!«

Dann mit breitem Lächeln zu mir: »Wir sehen uns in 24 oder 48 Stunden …«

Ich liebte Françoise und ihre Mischung aus Punk und Bourgeoise, aber da verstand ich sie nicht. Dieser Bulle jagte mir eine Mordsangst ein, und sie ließ mich mit ihm allein. Später begriff ich; sie war am selben Abend zu mir nach Hause gefahren, um Selam und ihre Tochter vor der Hausdurchsuchung in Sicherheit zu bringen.

15. Demütigen

Vor dieser ersten Erfahrung hatte ich keine Ahnung von der extremen Brutalität des Polizeigewahrsams. Seitdem habe ich elf erlebt – der Zähler läuft immer noch – und gelernt, wozu er gut ist: Er soll demütigen. Er ist psychische Folter. Du wirst in eine Zelle voller Scheiße, Pisse und Kotze mit den entsprechenden Gerüchen gesperrt. Das Licht brennt Tag und Nacht, unmöglich zu wissen, wie viel Uhr es ist. Es gibt keine Zudecke, man hat mir die Brille weggenommen, ich sehe nichts. Wenn ich rausgeholt werde, fesselt man mir die Hände im Rücken wie einem tollwütigen Tier. Das Ziel ist, die Person zu brechen, damit sie sich sogar zu imaginären Taten bekennt. Und es funktioniert. Viele gestehen irgendetwas, nur damit diese Zerreißprobe endet.

Im Lauf meiner Polizeigewahrsame bin ich immer wieder auf dieselben beiden Polizisten gestoßen, die Art Typen, mit denen ich früher als Automechaniker zu tun hatte. Nett, sogar Spaßvögel, aber derb, sehr derb, mit einer unverhohlenen Tendenz zum Machismo. Drastisch kommentierten sie die weiblichen Hinterteile, an denen sie vorbeikamen, fuhren bei Überstellungen mit hundertzwanzig oder hundertfünfzig Stundenkilometern und in Gegenrichtung um den Kreisverkehr. Ich wagte zu sagen: »Ich hänge am Leben. Es wär doch zu blöd, in Handschellen zu krepieren.« Aber sie hielten es für Humor und fuhren weiter Amok.

Die Bullen suchten meinen Namen in den Listen des Inlandnachrichtendienstes des Departements. Ich tauchte in keiner Datei auf, nicht einmal als Mitglied von No Borders. Klar, ich gehörte ja nicht dazu. Zwei Tage lang verhörte man mich alle zwei Stunden. Anfangs schlug der Tätowierte heftig auf den Tisch, ohne auf meine Antwort zu warten. Ich sagte, er solle sich beruhigen, sonst würde ich stumm bleiben. Ich erzählte ihm von der Situation dieser Leute, dieser Kinder, von den Ländern, aus denen sie geflohen waren, von Krieg und Diktatur. Und, warum auch immer, ich behauptete, über zweihundert Personen geholfen zu haben, viel mehr als in Wirklichkeit.

»Ist das hier ein Familienbetrieb?«

Ich befürchtete, dass Tschen, meine große schwarze Hündin, die beiden testosterongeschwellten Bullen angreifen würde. Ich warnte die beiden: Sie stamme aus der Kreuzung mit einem Pyrenäengebirgshund und beiße gewöhnlich in die Eier. Genau die Art Humor, die die Atmosphäre entspannt. Auf meiner Terrasse erwarteten uns Lucile, mein Bruder Morgan und unser Vater, ängstlich, aber froh, mich zu sehen. Die Bullen lächelten auch.

»Ach, ist das hier ein Familienbetrieb?«

Tschen knurrte nur, die Gänse schnatterten, die Katze Katerchen schnurrte und strich mir um die Beine, alles ging gut. Die Bullen waren sogar bereit, mir die Handschellen abzunehmen, und sagten mit ihrem derben Humor: »Wenn du dich verziehst, leg ich deinen Hund um.«

Komischerweise fotografierten sie Katerchen, die Gänse, die Hühner, und einer fragte, ob er ein Gänschen mitnehmen könne für sein Gör. Ich antwortete, zum Geschäft kämen wir später. Ich war beruhigt, Selam und ihre Tochter waren nicht mehr im Wohnwagen.

Verschämt und zögernd fingen sie an, mein Chaos zu durchstöbern. Ich war auf eine brutale Durchsuchung wie im Film gefasst, wo die Bullen alles auf den Kopf stellen. Aber bei mir gibt es nicht so viel auf den Kopf zu stellen, abgesehen von ein paar Kleiderhaufen und nie geöffneter Post. Ich fragte, wonach sie suchen.

»Die Kohle! Wir suchen die Kohle!«

Ich holte meine Marktkasse, tausend Euros in bar, die ich zu Hause aufbewahrte, denn Bauern lieben die Bankiers nicht besonders, was im Allgemeinen auf Gegenseitigkeit beruht. Die Analyse meines Bankkontos und der Grad an Reichtum, von dem meine bescheidene Bleibe zeugte, ließen keinerlei Zweifel daran, meine Hilfe war uneigennützig. Auch die Eritreerinnen hatten bestätigt, dass ich kein Geld von ihnen verlangt hatte.

Morgan bot den Polizisten Kaffee an.

»Gib den deinem Bruder, er braucht ihn!«

Morgan reichte ihn mir lächelnd. Beim ersten Schluck verstand ich: Er hatte einen guten Schuss Rum reingetan.

Frei!

Mein letztes Verhör führte ein Offizier von der Grenzpolizei. Er wirkte anständig und mitfühlend. Seine Frau kannte mich, sie hatte einen Stand beim Olivenfest in Libre. Sie hatte Schwierigkeiten mit dem Beruf ihres Mannes, aber der Mensch muss nun mal essen … Er teilte mir mit, dass mir eine sofortige Vorführung vor den Strafrichter wegen »Beihilfe zum illegalen Grenzübertritt und Aufenthalt von Ausländern in Frankreich« drohe. Wenn ich mich weigerte zu antworten, würde ich bis zur Prozesseröffnung eingesperrt. Dann stellte er mir Fragen, die direkt vom Staatsanwalt kamen: »Warum haben Sie kein für den Personentransport geeignetes Fahrzeug gekauft? Warum finden Ihre Aktionen nicht im Rahmen eines Vereins statt?«

Überrascht stotterte ich, ob der Staatsanwalt mir nahelege, meinen Aktionen den üblichen Rahmen zu geben.

»Versteh's, wie du willst«, antwortete er.

Bei meiner Rückkehr in die Zelle sah mich ein dicker, bärtiger Wärter böse an: »Bist du der Blödmann, der Migranten reinholt? Denkst du, wir haben nicht schon genug von denen? Vorwärts, du Arschloch!«

Woraus ich schloss, dass er nicht gerade ein Freund meiner Aktionen war. Er ging in dem Uringestank vor meiner Zellentür auf und ab und warf mir gehässige Blicke zu.

Dann kam der nette Polizist lächelnd zurück: »Es ist gut, Cédric, du bist frei, kein Strafverfahren.«

Draußen erwartete mich Françoise. Auf dem Heimweg hielten wir in Italien an einer Bar und tranken zwei kleine Bier. Das hatte mir gefehlt – das Bier, nicht Françoise.

Humanitäre Immunität

Ich genoss humanitäre Immunität. Riesenüberraschung! Wenn man papierlose Ausländer aus Italien nach Frankreich begleitet, riskiert man ein Strafverfahren. Gewöhnlich verzichtet die Justiz nicht darauf, vor allem wenn man wie ich in flagranti erwischt wurde. In manchen Fällen allerdings kommt die sogenannte humanitäre Immunität zur Anwendung. Grob gesagt, wenn man kein Schleuser ist, der es für Geld tut, und die einzige Motivation darin besteht, Menschen in Sicherheit zu bringen, um ihre physische und psychische Unversehrtheit zu garantieren, entgeht man der Strafverfolgung.

Doch die Grenze mit Migranten zu überqueren bleibt strafbar, und man kommt nicht in jedem Fall in den Genuss der bedingungslosen Einstellung des Verfahrens. Aber der Staatsanwalt in Nizza, Jean-Michel Prêtre, entschied sich für diese Option, da er der Ansicht war, dass ich mit meiner Aktion – schutzbedürftigen Personen zu helfen – auf eine Notsituation reagiert hatte.

Als ich rauskam, war ich megazuversichtlich. Sagte der Staatsanwalt mir nicht:»Was du tust, ist gut, aber organisiere dich besser«?

In diesem Polizeigewahrsam hatte ich viel gelernt. Und er brachte mich zum ersten Mal in die Medien.

»Idealistischer Schleuser von Migranten in Breil vorläufig festgenommen«, titelte der *Nice-Matin*. Der Artikel nannte meinen Namen nicht und stellte mich fälschlich als Mitglied von No Borders dar. Ich wurde als »Hühnerzüchter« beschrieben, der schon »polizeibekannt« gewesen sei. Das reichte, um mich zu identifizieren, und ich machte mir Sorgen wegen des folgenden Dienstagsmarkts in Breil. Denn in den Alpes Maritimes gilt die extreme Rechte nicht als sonderlich extrem, und der Rassismus ist so unverhüllt, dass man nur eine Bar betreten muss, um Ausdrücke wie »Scheißnordafrikaner«, »Nigger«, »Kameltreiber« zu hören.

Der Journalist bezeichnete mich als Idealisten, weil ich »bekannt hatte, keinen einzigen Sou gesehen zu haben«, es also der Kontext humanitärer Hilfe war, der die Entscheidung der Staatsanwaltschaft bestimmt hatte. »Obwohl dieser Schleuser laut Polizeiquellen nicht auf seiner ersten Fahrt gewesen sei.« Ich hätte zweihundert Fahrten zugegeben und »hinzugefügt, damit nicht aufhören zu wollen«.

Offenbar hatte der *Nice-Matin* seine Informationen von der Staatsanwaltschaft oder von den Polizisten. Ich gestattete mir eine Antwort: »Ich gehöre keiner politischen Bewegung an. Nutzt es außerdem was, einer politischen Bewegung anzugehören, damit man seine Bürgerpflicht erfüllt und seinen humanitären Verpflichtungen treu bleibt?« Und zu meiner Straffreiheit schrieb ich:»Ist das die Entscheidung eines Staatsanwalts und Citoyens, der ebenfalls mit diesem entsetzlichen Elend konfrontiert ist? Vielleicht, und das ist beruhigend.«

16. Der Panzer

Oft höre ich aus Aktivistennetzwerken die naive Behauptung, Migration sei eine Chance.

Doch für die allermeisten Exilierten, die ich bei mir aufgenommen habe, ist die Migration ein Drama. Alle sind entwurzelt, erschöpft und innerlich kaputt und haben keinerlei Hinweis darauf, wo ihre Familie ist. Wie sehen sie ihre Zukunft? Wissen sie nicht. Ihre Vergangenheit? Wissen sie nicht mehr. Die Erinnerungen geraten durcheinander oder verblassen. Manche sind in Flüchtlingslagern aufgewachsen und haben nie etwas anderes kennengelernt. Sie bilden eine neue Generation von Nomaden. Wir Europäer denken, dass sie mit einem Plan aufbrechen und die Reise, die einfach ein Umzug sein soll, in Gedanken organisiert haben. Irrtum. Migranten fliehen aus einem brennenden Haus und lassen alles hinter sich zurück. Das Exil ist ein kleiner Tod.

Das Französische Amt für den Schutz von Flüchtlingen und Staatenlosen (OFPRA) lastet den Antragstellern oft an, die Chronologie der Ereignisse in ihrem Asylantrag sei unlogisch. Aber in deren Köpfen geht alles durcheinander. Wie soll man zu einer endlosen Strapaze genaue Zeit- und Ortsangaben machen? Zu Unrecht bezichtigt man sie der Lüge. Das Trauma nagt an der Erinnerung. Wenn sie bei uns ankommen, haben sie derart viel durchgemacht, dass sie die Qualen und Gefahren, die sie überstanden haben, nicht mehr richtig einschätzen können. Einer von ihnen vertraute mir eines Tages an: »Oh, meine Geschichte ist letztlich gar nicht so schlimm.«

Apnoetauchen

Auf der Flucht sein ist wie tauchen ohne Sauerstoffgerät, eine gefährliche Unterwasserreise mit angehaltenem Atem. Bei Tauchern verlangsamt sich der Herzschlag, und nur die lebenswichtigen Organe werden noch mit Blut versorgt; Migranten versetzen einen Teil ihrer selbst in Schlaf. Dadurch bildet sich ein Panzer, an dem alles abzuprallen scheint. Und nur wenn sie auf ihrem Weg von einem Land zum anderen ständig in Bewegung bleiben, ist ihr Überleben gesichert.

So werden die Exilierten zu Gefangenen dieser Bewegung. Und unsere Länder stoßen sie noch tiefer in diese Gefangenschaft, statt sie würdig aufzunehmen. Der Staat nutzt ihre prekäre Lage aus. Sie wehren sich nicht, kennen ihre Rechte nicht, nehmen die Situation, in der sie sich befinden, als normal hin.

Wenn sie schließlich an einem Ort bleiben, ihre Flucht aus freien Stücken oder gezwungenermaßen beenden, bekommt der Panzer Risse, öffnen sich die Wunden, stehen sie vor einem bedrohlichen Abgrund. Sie sind in großer seelischer Not. Wie viele Angehörige haben sie verloren, Opfer oder Zeugen wie vieler Verbrechen sind sie geworden, um am Ende hier anzukommen? Ein Junge, den ich aufgenommen habe, hat gesehen, wie seine Freunde lebendig im Sand begraben wurden. Wie kann man das überstehen?

Manche Leute behaupten, diese Menschen kämen nach Frankreich, um unser Sozialsystem auszunutzen. Aber wenn sie sich auf den Weg machen, kennen sie weder das Asylrecht

noch das Krankenversicherungssystem noch das Mindestein-
kommen für Arbeitslose. Und wer würde für 350 Euro im Monat
sein Leben riskieren?

Die Tragödie der »Dublin-Flüchtlinge«

In Europa angekommen, stehen die Exilierten vor einer weiteren Hürde: Wer wird sich bereiterklären, ihren Asylantrag zu
bearbeiten? Die Dublin-III-Verordnung regelt seit 2014 die Zuständigkeit für die Prüfung von Asylanträgen innerhalb der
Beitrittsländer. Danach, wird allgemein angenommen, müssten
Asylsuchende ihren Antrag im Ankunftsland stellen. Aber die
Regelungen sind komplizierter, nicht immer ist das Ankunftsland für den Asylantrag zuständig.

Die Dublin-Regelungen werden verfälscht. Bewusst werden
alle Kriterien außer Acht gelassen, die es ermöglichen würden,
den Antrag in irgendeinem anderen europäischen Land zu bearbeiten, Familienzusammenführung, Sprache des Antragstel-
lers, Gesundheitszustand etc. Und so werden die Menschen
meist systematisch ins Ankunftsland zurückgeschickt, das
heißt nach Spanien, Italien oder Griechenland.

Dabei fällt mir unweigerlich der beleidigende Ausdruck
PIGS ein (das englische Akronym für Portugal, Italien, Griechenland und Spanien). Er wurde von britischen und amerikanischen Journalisten für die EU-Länder mit hoher Verschuldung
und starkem Handelsdefizit erfunden. Anders gesagt, Europas
schlechte Schüler. Bestraft die Europäische Union ihre »Schul-
versager«, indem sie die Exilierten als Währung für einen
Schuldenausgleich benutzt?

Fingerabdrücke

Seit »Dublin« wird, sobald der Antragsteller in der Polizeipräfektur seine Finger auf den Touchscreen legt, das Ankunftsland angezeigt, also das Land, in dem seine Fingerabdrücke zuerst registriert worden sind. Daraufhin fragt Frankreich dieses Land an, ob es bereit sei, den Asylantrag zu bearbeiten. Italien antwortet meist nicht fristgerecht, was als stillschweigende Zustimmung interpretiert wird, obwohl es, auf eins der oben genannten Kriterien gestützt, auch ablehnen könnte.

Dann werden die Personen zu Asylsuchenden, die unter die Dublin-III-Verordnung fallen. Sie müssen also zum Beispiel nach Italien zurückkehren und dort darauf warten, dass ihr Fall bearbeitet wird. Für viele Exilierte ist dieser Weg zurück unvorstellbar. Sie tauchen unter und gelten als »flüchtig«, was sie in die Illegalität treibt. Gerade wenn sie glauben, es geschafft zu haben, drückt man ihren Kopf wieder unter Wasser. Wieder sind sie jeder Art von Ausbeutung ausgeliefert, obwohl sie glaubten, in einem Rechtsstaat in Sicherheit zu sein. Diese Menschen sind vor Krieg oder Verfolgung geflohen; werden dieser Bürde weitere Belastungen hinzugefügt, hat das Auswirkungen auf ihre ohnehin schlechte psychische Verfassung.

Die Dublin-Verordnung ließe sich nur unterlaufen, wenn die Flüchtlinge sich bei der Ankunft weigerten, die Fingerabdrücke abnehmen zu lassen. Doch die werden ihnen abgenommen, kaum dass sie das Schiff verlassen haben, ohne dass sie die Folgen kennen.

Wenn die Exilierten es geschafft haben, alle Hindernisse zu überwinden, können sie endlich formell einen Asylantrag stellen und haben für die Zeit, in der ihr Fall bearbeitet wird, Anspruch auf eine Unterkunft, Verpflegung und die notwendigste medizinische Versorgung. Aber weil es viel zu wenige Einrichtungen gibt, erhält die Hälfte der 150 000 Asylantragsteller in Frankreich nie eine Unterkunft. Sie überleben in besetzten Häusern, unter Brücken, in den Wäldern ... Manche Stadtgebiete verwandeln sich in Elendsviertel, wodurch die öffentliche Ordnung gestört wird und die französische Bevölkerung sich in der Frage der Aufnahme von Geflüchteten spaltet. Wegen solcher »unmenschlichen und entwürdigenden Lebensbedingungen«, die drei Asylbewerbern zugemutet worden waren, wurde Frankreich am 2. Juli 2020 vom Europäischen Gerichtshof für Menschenrechte (EGMR) verurteilt.

17. »Three days!«

Die Kirche in Ventimiglia war voller Kinder zwischen dreizehn und sechzehn Jahren. Überdrehte Kids, die sich lautstark auf Tigrinya unterhielten, sich gegenseitig aufzogen und herumalberten. Sie lachten über ihren Kumpel in Abschiebehaft und johlten, wenn sie erzählten, wie sie im Schaltschrank eines Zugs vorläufig festgenommen worden waren. All das wurde in einem Ton erzählt, als wäre es ein Riesenspaß. Das Lachen löschte die Gefahr aus. Immer wieder der Panzer.

Sie hatten Eritrea verlassen, um der Zwangsarbeit oder einer Wehrpflicht von unbestimmter Dauer zu entgehen, waren in Vierer- oder Fünfergruppen unterwegs und wirkten nicht unglücklich. Sie waren unzertrennlich wie ein Rudel: Zusammen fühlten sie sich stark, was sie, so jung und klapperdürr, wie sie waren, besonders nötig hatten. Hätte Italien sich um sie gekümmert, wären sie vielleicht dort geblieben. Aber vor 2017 bot das Land unbegleiteten Minderjährigen keinen Schutz. Nur die Kirche Sant'Antonio in Ventimiglia nahm sie auf, bis sie es über die Grenze schafften.

Und das war für diese Jungs ein Spiel. Ob sie es am Ende schafften oder nicht, sie ignorierten oder verlachten die Gefahr und wirkten weniger anfällig als die dreißigjährigen »Alten«, die sehr viel einstecken mussten. Sie spielten die Hartgesottenen, und handkehrum vergnügten sie sich mit Spielzeugautos im Sand. Bei all dem blieben sie Kinder, also leichte Beute. Bei jeder Verhaftung stellten sie sich, einem in Libyen antrainierten Reflex gehorchend, automatisch in einer Reihe auf. Das bereitete uns großes Unbehagen.

Sie waren sich selbst überlassen, und außerhalb der Kirche wurde kein Erwachsener auf sie aufmerksam. Ich war einer der Wenigen, die sich für sie interessierten. Wie sie ansprechen, ohne belehrend zu sein? Ich verkörperte zwar eine gewisse Autorität, aber wenn ich sie anschnauzte, würden sie nicht mehr mit mir sprechen. Misstrauen. In den Augen dieser Kids ist nicht die Grenze gefährlich, sondern der Erwachsene, der Bulle, der Folterer. Sie misstrauen sogar dem, der ihnen helfen will. Vertrauen haben sie nur zueinander.

Da wir uns nicht mit Worten verständigen konnten, kommunizierten wir mit Zeichnungen oder pantomimisch. Sie spielten uns die Verfolgungsjagd in den Bergen vor, bei der sie steile Hänge hinuntergerannt waren, ohne darauf zu achten, wohin sie die Füße setzten, während die Soldaten aus Angst vor der Gefahr stehen blieben. Oder wie die Polizei sie mit Tränengas aus den Zügen getrieben hatte oder wie sie zwischen den Autos quer über die Autobahn gesprintet waren. Ultragefährlich! Aber immer lachten sie darüber.

Als sie mir vorspielten, wie sie in der Grenzstation von Menton eingesperrt und dann nach Italien zurückgeschickt worden waren, fragte ich: »Und dann?«

Einer der Jungs legte sich auf den Boden, gab Schnarchgeräusche von sich und hielt drei Finger in die Höhe: »Three days!«

Dann hatten sie drei Tage geschlafen, um sich zu erholen, bevor sie ihr Glück erneut versuchten.

Ein spezielles Departement

Die Kids berichteten alle dasselbe. Wenn die französische Polizei sie aufgriff, schickte sie sie systematisch zurück nach Italien, und diese Praxis dauert bis heute an. Dabei ist das Gesetz eindeutig: Alle Personen, die sich als minderjährig bezeichnen, fallen in die Zuständigkeit des Departements, in dem sie aufgegriffen werden, und dieses überprüft dann mit verschiedenen Verfahren ihr Alter. Die französische Polizei verstößt folglich gegen das Gesetz.

Sogar Minderjährige, die schon von der Kinder- und Jugendhilfe betreut wurden, schickte die Polizei zurück. Wir sind in Ventimiglia Jugendlichen begegnet, die bereits in Heimen im Departement Alpes Maritimes untergebracht gewesen waren. Ihr Fehler? Sie waren durch Nizza gebummelt. Sie wurden kontrolliert und nach Italien abgeschoben. Man könnte meinen, in den Augen der Polizei sei jedes schwarze Kind ein potenzieller illegaler Migrant.

Da dies nur im Departement Alpes Maritimes so gehandhabt wurde, musste es dafür Direktiven des Departementspräfekten geben. Natürlich haben wir nie ein offizielles Dokument in die Hände bekommen, aber gewisse Anzeichen waren untrüglich. Als wir zum Beispiel im Bahnhof von Les Arcs-Draguignon, das im Departement Var liegt, von der Polizei kontrolliert wurden, bekamen die Kinder, die als UAM (unbegleitete ausländische Minderjährige) identifiziert wurden, keinerlei Probleme – was beweist, dass sie außerhalb des Departements Alpes Maritimes nicht zurückgeschickt wurden und Rechte hatten. Allerdings finde ich die Bezeichnung »unbegleiteter ausländischer Minderjähriger« überraschend. Sie wurde 2016 durch »unbegleiteter Minderjähriger« ersetzt.

Dass der rechte Abgeordnete Éric Ciotti die unbegleiteten Minderjährigen mit allen Mitteln abschieben wollte, konnte ich verstehen, das deckte sich mit seinen Reden. Aber welches Interesse hatte der Staat daran? Dutzende von Kindern versuchten um jeden Preis, selbst unter größten Risiken, die Grenze zu überqueren. Wie konnte er sie wissentlich in Gefahr bringen? Warum begleitete man die Migranten nicht schon von der Grenze an, da all diese Menschen schließlich in anderen französischen Städten doch wieder auftauchen würden?

Die Unsichtbaren

Ein weiteres Rätsel waren mir die Überfahrten aus Libyen. An einem Tag war die Kirche in Ventimiglia voller Familien aus dem Sudan, eine Woche später befanden sich dort nur noch unbegleitete Minderjährige aus Eritrea. Den Jugendlichen zufolge organisierte ein hochrangiger libyscher Militär, der Chef der Küstenwache, die Überfahrten, er teilte die Menschen in bestimmte Alters- und Nationalitätsgruppen auf. Die Jugendlichen wurden über Monate in Gefängnissen gesammelt und dann in kleine Boote mit Ziel Italien geschubst. Die Libyer entschieden darüber, welche Gruppen täglich, wöchentlich oder monatlich fuhren. Aber warum die Sortierung? Zu welchem Zweck? Das frage ich mich heute noch.

Kehrten Kinder abends nicht zur Kirche zurück, sagte man sich, sie sind drüben. Aber wo drüben? Auf dem Weg zu wem oder was? Von welchem Typ Anwerber ausgewählt? Ich hörte von Prostitutionsringen in Toulon, Marseille, Paris. Die hübschesten Mädchen verunstalteten sich zum eigenen Schutz – ihre Schönheit gefährdete sie. Das Drama dieser Jugendlichen war, dass sie keine Papiere hatten, folglich auch keine Identität. Wenn sie verschwanden, suchte niemand nach ihnen. Sie waren nichts.

Die sechs Unzertrennlichen

Da ich so oft besonders Schutzbedürftigen begegnete, fühlte ich mich für sie verantwortlich und beschloss, einer Gruppe von sechs minderjährigen Eritreern zu helfen, auf die ich in der Kirche gestoßen war. Sie waren widerrechtlich nach Italien zurückgebracht worden. Eritreer sind eher klein, und die Kinder kommen einem winzig vor. Ich hätte sie alle in einem Rutsch befördern können, teilte sie aber lieber in zwei Gruppen auf, weil das unauffälliger war. Ich zeigte den Kids der ersten Gruppe ein Foto meines Wagens: Er war offen, sie sollten einsteigen und auf mich warten. Die zweite Gruppe sollte zu Fuß losgehen, ich würde später zurückkommen und sie holen. Pustekuchen ...

Als ich zu meinem Auto kam, fand ich die sechs auf die Rückbank gequetscht, ihre kleinen Rucksäcke auf dem Schoß. Sie hatten sich nicht an meine Aufteilung gehalten. Zum Schimpfen und Neuorganisieren war keine Zeit. Kaum bei mir angekommen, wollten sie nach Luciles herzlichem Empfang sofort ins Internet, die Familien in Eritrea beruhigen und durch Anrufe bei Freunden, Brüdern und Schwestern in Deutschland die weitere Reise planen.

Später begriff ich, dass bei dieser manischen Telefoniererei in meinem Zehnquadratmeterwohnzimmer auch die noch in Italien festsitzenden Freunde den Tipp erhielten: Durchs Royatal klappt's! Um 22 Uhr zählte ich, das Modemkabel in der Hand, rückwärts bis null, damit sie endlich schlafen gingen. Die Mädchen im einen, die Jungs im anderen Wohnwagen. Doch am nächsten Morgen stiegen alle sechs aus demselben Caravan. Aus Angst, getrennt zu werden, hatten sie gemeinsam genächtigt.

Einer der Jungs folgte mir überallhin und redete pausenlos auf Tigrinya. Ich glaube, er sprach über seinen Vater. Beim

Essen gab es Zank und Geschrei, wie das bei Kindern oft ist. Als wir sie aus dem Departement Alpes Maritimes fortbrachten, mussten einige sich vor Stress übergeben. Um sie abzulenken, spielte ich den Clown, sang laut und falsch, zappelte auf meinem Sitz herum und winkte allen Autos zu. Die Kinder hielten mich für verrückt, sie lachten und machten sich bestimmt über mich lustig. Dieses Ablenkungsmanöver versetzte mich in meine eigene Jugend im Arianeviertel zurück, wo ich, in meine Träume versunken, mich selbst gespürt hatte.

18. Das Arianeviertel

Das Stadtviertel meiner Kindheit trägt den Namen einer Rakete, die durch den Weltraum fliegt, beinahe bis zum Mond. Auch ich schweifte in die Ferne, vor allem während des Schulunterrichts, der mich langweilte. Lieber ging ich auf Entdeckungsreise und erkundete unser Refugium unter dem Viertel, diese Röhren so finster wie ein geheimnisvolles Labyrinth: die Kanalisation. Mit Fackeln aus Karton in der Hand arbeiteten wir uns, die Füße auf die rutschigen Ränder links und rechts setzend, breitbeinig vor, um nicht in das brackige Wasser zu treten. Wir suchten nach Öffnungen, durch die Tageslicht fiel und die zur Welt der Menschen wiesen. Unter der Stadt zu sein, fanden wir unglaublich aufregend.

Wir stiegen heimlich in die Keller der alten Häuser ein, die noch nach Weintrauben, Äpfeln, ranzigem Olivenöl oder getrockneten Nelken rochen. Alte Traubenmühlen, eine Kelter oder ein Tonkrug legten Zeugnis von der Geschichte des Arianeviertels ab, das die Speisekammer der Grafschaft Nizza gewesen war, bevor es eines dieser Arbeiterviertel wurde, in denen auf engem Raum die Billiglöhner leben, angeworben aus dem Ausland, um Frankreichs Reichtum zu erarbeiten.

Die letzte Überlebende dieser bäuerlichen Vergangenheit war Madame Barberis. Sie buk mit einem Teiggitter verzierte

Kuchen mit kandierten Früchten und verkaufte in ihrem Keller Kirschen. Ich erinnere mich noch an ihre runzligen Hände und an den Weidenkorb, in den sie die Ware legte, bevor sie sie auf einer Eisenwaage wog. »Sage deiner Mutter, dass ich großzügig gewogen habe!«

Während mein Körper in der Schule war, machten sich meine Gedanken davon – zu Madame Barberis' Gärten oder den Mädchen, die ich mochte. Meine Welt war die der Träume. Um 16 Uhr 29 war mein Körper bereit aufzuspringen und meinen bereits in Freiheit befindlichen Gedanken nachzueilen.

»Du wirst wie dein Vater enden und Klopapier verkaufen oder wie deine Mutter, die Kinder hütet«, sagte eine Lehrerin in der Grundschule zu mir.

Am liebsten wäre ich ihr ins Gesicht gesprungen wie eine tollwütige Katze, aber ich blieb ruhig. Später in der höheren Schule sagte ein Mathelehrer zu meiner Mutter: »Cédric ist intelligent, aber er demontiert im Unterricht die Bänke und wirft die Schrauben aus dem Fenster.«

Wenn die Lehrer mich fragten, was ich später mal werden wolle, antwortete ich: »Gar nichts.«

Tatsächlich wollte ich Tierarzt werden, oder warum nicht Polizist? Vor allem war mir zuwider, was die Welt mir bot: in einer Schule eingesperrt zu sein und zeichnen und Lieder und Gedichte auswendig lernen zu müssen. Ich war nicht bereit zu lernen, ohne zu verstehen, und das System der Belohnungen mit Bildchen oder Fleißkärtchen förderte in meinen Augen lediglich Unterwerfung. Und ich akzeptierte die Gruppengewalt gegen Schwächere – schwächer, weil anders – nicht. Auch nicht die perverse kollektive Suche nach einem Opfer, um nicht selbst eins zu werden, die wiederum den Einzelnen dazu trieb, sich den anderen anzugleichen, um nicht ausgestoßen zu werden. Ich mochte intime Freundschaften, kleine Gruppen, Cliquen ohne Anführer und Prügelknaben, in denen man sich respektierte und die Schwächeren beschützte.

Soso, der Rebell

Meine nicht begüterten Eltern lebten in Nizza. Als ich 1979 geboren wurde, kauften sie ein kleines Haus in dem angeblich kinderfreundlichen Viertel rund um den Kirchplatz, der von Sozialwohnungsblocks und Hochhäusern umgeben war. Das Arianeviertel war damals sehr beliebt. Dort lebten Weiße, Araber und Schwarze, eine soziale Mischung, die es heute nicht mehr gibt. Durch unser Viertel floss der Paillon, der dann an Nizzas Altstadt vorbei ins Mittelmeer mündete. Auf alten Fotos, die unser Wohnzimmer schmückten, waren verschleierte Frauen zu sehen, die große weiße Bettlaken in dem Fluss wuschen.

»Deine Urgroßmutter war eine dieser Frauen«, erklärte mir meine Mutter. »Sie war aus Italien geflohen und suchte Zuflucht in Nizzas Altstadt.«

Meine Großeltern, Nachkommen italienischer Einwanderer, die am Ende des Ersten Weltkriegs aus Italien gekommen waren, lebten noch wie Nomaden und wuschen ihre Wäsche im Fluss. Später wurde der Paillon zum Hundeklo, zum Abwasserkanal, zur Mülldeponie und Endstation für ausrangierte Waschmaschinen und zur Kiesgrube; irgendwann trocknete er aus und wurde ein gewöhnlicher Graben, in dem sich Regenwasser sammelte ...

Der Paillon strukturierte die Landschaft. An seinem linken Ufer eine Schnellstraße, zu seiner Rechten Wohnblocks aus den siebziger Jahren. Ich träumte davon, Hütten zu bauen, auf Bäume zu klettern, inmitten von Tieren zu leben, am Ufer eines Flusses entlangzugehen, eines richtigen Flusses ohne Kühlschränke und verrostete Autowracks.

Gezwungen, sesshaft zu werden, ließen sich die Gitanos am Fluss nieder. Unter ihnen mein Klassenkamerad Soso, der in einem Wohnwagen lebte. Er war etwas älter als ich und rauchte seit der vierten Klasse Zigarillos; feixend zeigte er den Jungen und Mädchen sein erigiertes Glied. Soso sprach nicht besonders gut Französisch, spielte Gitarre und sein Vater verprügelte ihn oft, wenn seine großen Brüder von seinem Verhalten in der Schule berichteten.

Soso war anders als wir, wurde grundsätzlich ganz nach hinten gesetzt, von Lehrern und Mitschülern ignoriert. Ich sah ihm gern zu und zugleich machte er mir Angst. Er kam jeden Tag zur Schule, schenkte aber niemandem Beachtung und repräsentierte in meinen Augen all das, was Erwachsene hassten: Protest, Provokationsgeist, Freiheitsdrang.

Eines Tages schimpfte der Lehrer mit ihm. Um ihn zu integrieren, glaube ich, nicht um ihn zu demütigen oder zu provozieren. Doch am nächsten Morgen war das Klassenzimmer verwüstet, die Tafel mit Hammerschlägen beschädigt, die Tische und Stühle umgekippt und der Feuerlöscher geleert.

Gesichtskontrollen

Die Bande der Gitanos und die Bande der Araber hatten die Stadt in Ost und West unter sich aufgeteilt. Jede verteidigte ihr Territorium. Ich für meinen Teil kam gut mit den Kids aus den Wohnsilos klar. Das Motto unserer Bande war eher: Jugendliche nerven den Front National. Schon in der Grundschule sprachen wir über Politik, und FN-Wähler waren Dinosaurier, die für uns Luft waren.

Als wir 1993 aus dem Arianeviertel wegzogen, hatte sich die dort herrschende Gewalt verschärft. Die städtischen Institutionen gingen schlecht mit diesem Stadtteil um. Gesichtskontrollen auf dem Weg ins und aus dem Viertel schufen eine soziale Grenze, als schütze die Polizei die »Reichen«, die Bewohner des Stadtzentrums, vor den anderen, dem einfachen Volk und den Einwanderern. Als die Kinder größer wurden, entdeckten sie, dass sie weder richtige Franzosen noch Tunesier oder Algerier waren, und dass die Devise des »Landes der Menschenrechte«, nämlich »Freiheit, Gleichheit, Brüderlichkeit«, für sie nicht galt.

Ein Jugendlicher, der Kader oder Mohamed hieß, kam in keinen Nachtclub rein. Mit einem Bus der Linie 16 im Stadtzentrum angekommen, wurde er von Polizisten kontrolliert und fühlte sich in den Geschäften überwacht. Wenn man immer wieder als Dieb oder Gewalttäter stigmatisiert wird, wird man schließlich einer. Im Gegensatz zu ihren Eltern, die unendlich dankbar waren für ihre Aufnahme in Frankreich, waren die Kinder voller Wut, und das zu Recht.

19. Milet, ein Tod zu viel

Am 7. Oktober 2016 ist die sechzehnjährige Milet von einem Lastwagen überfahren worden. Sie war Eritreerin und lief mit einer Gruppe Jugendlicher die A8 in Richtung Frankreich entlang. Schon einen Monat zuvor, am 6. September, war ein junger Mann bei der Ausfahrt Menton in Höhe des Dorfs Sainte-Agnès vom Autobahnviadukt gestürzt und gestorben. Er war auf der Flucht vor einer Gendarmeriepatrouille.

Wir lebten an einer höchst gefährlichen Grenze, und ich hatte plötzlich ein ungutes Gefühl: Hatte Milet etwa zu der Gruppe von fünfzehn Mädchen gehört, der ich am Vorabend in der Kirche von Ventimiglia die Hilfe verweigert hatte? Ich fühlte mich für ihren Tod verantwortlich und fuhr in Panik zu der Kirche. Don Rito zeigte mir ein Foto von ihr, sie war mir unbekannt. Uff! Milet war schon früher mit anderen aufgebrochen. Ich war erleichtert, dass ich sie noch nie gesehen hatte, und zugleich fühlte ich mich schuldig, dass ich sie nicht gerettet hatte. Mir war elend, ich fühlte mich mies. Und ich frage mich bis heute, ob Don Rito mich damals nicht belogen hat, um mir Schuldgefühle zu ersparen.

Dieser Tod brachte die »Solidarischen« in Rage. Wie auch nicht empört sein? Bei der Trauerfeier in Sant'Antonio fand der Bischof, Monsignore Antonio Suetta, starke, erschütternde Worte. Milet sei »fünffach« Opfer gewesen: Opfer des »unge-

rechten« Regimes ihres Heimatlandes; unserer Grenzen, die
»so legal wie ungerecht sind, wenn sie Menschen ins Gesicht
geschlagen werden«; einer Gesellschaft, »die sich zivilisiert
nennt«, aber in der manche »Hautfarben eher zu Brüderlichkeit, Gleichheit und Freiheit aufrufen als andere«; der Berge
von Akten, »die sich auf den Schreibtischen derer türmen, die
die Macht haben«; und unserer Heuchelei.

Ihr Tod wurde nie untersucht. Wer war für den Unfall verantwortlich? Waren Milets Rechte respektiert worden? War sie
zuvor aus Frankreich nach Italien zurückgeschafft worden?
Wie konnte der Präfekt verantworten, indirekt Kinder in Gefahr
zu bringen? Eine Mischung aus Schmerz und Wut überwältigte
mich. Ich hasste alle Autoritäten. Die Absurdität der Situation
motivierte mich Tag für Tag stärker. Und meine Angst verwandelte sich in Kraft, nichts mehr konnte mich aufhalten, weder
ihre Uniformen noch ihre Knarren.

Von da an hatte ich keine Angst mehr, weder vor den Risiken
noch vor dem Knast. Ich würde sie bekriegen, aber auf meine
Art, indem ich sie lächelnd beleidigte und provozierte, auch
wenn ich deshalb vor Gericht landete. Es mag übertrieben erscheinen, aber für mich waren sie Milets Mörder, und ich wollte sie rächen. Wenn ich deshalb ins Gefängnis musste, ginge ich
mit erhobenem Kopf, ich würde mich nicht verstecken oder
fliehen. Ich würde sie auf meinem löchrigen, ausgebleichten
Ledersofa auf der Terrasse erwarten. Der Kaffee stünde bereit,
und den würde ich ihnen mit Vergnügen servieren – wir sind
zivilisiert, keine Wilden.

20. Nicht nur Gehässigkeit und Denunziation

Im Royatal war die Denunziation zum Volkssport geworden. Die Masse der Bevölkerung stand auf Seiten der Polizei. Ich spürte böse Blicke, und die rassistischen Reden konkretisierten sich in staatlichem Handeln. Die Polizisten kontrollierten nur Schwarze. Sie suchten weder Waffen noch Sprengstoff, sondern Schwarze, immer nur Schwarze. Die Jagd auf Schwarze war eröffnet. Ich würde mich nie an diese frenetische Hetzjagd gewöhnen. Wie konnte man eine Hautfarbe derart verabscheuen, dass man die Not eines Kindes nicht mehr spürte? Ich schämte mich entschieden, zu dieser Gesellschaft zu gehören. Ich wäre am liebsten krepiert, um das nicht mehr mitanzusehen.

Und doch halfen hier im Tal Bürger jeder politischen Couleur, wie jener Restaurantbesitzer, der mich eines Tages anrief und bat, mich um einen Jugendlichen zu kümmern. »Cédric, du weißt ja, dass ich die Rechten wähle und gegen die Migration bin, aber ich bin nicht dafür, dass man diesen Jungen verhungern lässt. Ich hab ihm zu essen gegeben, aber ich will keinen Ärger, ich kann ihn nicht bei mir aufnehmen, deshalb ruf ich dich an. Auch wenn man nicht einverstanden ist mit ihrer Entscheidung, hierherzukommen, darf man sie doch nicht misshandeln. Schau dir den armen Kerl an, was kann der denn dafür ...«

Die Tränen des Gendarmen

Manchmal kam die Menschlichkeit wieder zum Vorschein. Eines Tages liefen etwa zwei Kilometer von meinem Haus entfernt an die zwanzig Mädchen die Straße entlang. Sie hatten mich in der Kirche in Ventimiglia um Hilfe gebeten, und ich hatte ihnen mangels Platz geraten zu warten. Sie hatten nicht auf mich gehört und sich zu Fuß auf den Weg gemacht. Sie waren höchstens sechzehn, die Jüngste war noch ein Kind, zart und verängstigt. Ich stellte mir die Angst ihrer Eltern vor, als sie sie weggehen sahen. Oder hatten sie sich zusammen mit ihr auf den mühsamen Weg gemacht? Saßen in Libyen, im Sudan fest oder waren im Mittelmeer ertrunken?

Wir mussten schnell machen. Wir luden sie in die Autos, aber zu spät. Mit Blaulicht versperrte uns die Gendarmerie den Weg. Ich öffnete die Hecktür und riet den Mädchen, zu fliehen, aber die Jüngste blieb weinend stehen, gelähmt vor Angst. Sichtlich verunsichert griff einer der Gendarmen nach ihrem Arm, aber sie schrie und flüchtete sich zu mir. Ich schaute ihn an und sah nicht mehr seine Uniform, nur noch einen bestürzten 25-Jährigen.

Ich schrie ihn an: »Was machst du da? Siehst du nicht, dass du ein kleines Mädchen terrorisierst? Bist du zur Gendarmerie, um Kindern Angst einzujagen?«

Mit roten Augen wich er ein paar Schritte zurück, und die Gendarmen wussten nicht mehr, was sie tun sollten.

Aber nach diesem kurzen Zögern fuhren sie mit ihrer Routine fort. Sie schafften die Mädchen, die zurückgekommen waren, um die Jüngste nicht im Stich zu lassen, zur Grenzpolizei. Sie wurden nach Italien zurückgeschickt und tauchten noch am selben Abend mit zehn weiteren wieder bei mir auf. Die Kleine war nicht mehr versteinert, sondern fröhlich und energisch, die treibende Kraft in der Gruppe. Eine frappierende Verwandlung.

Diese Mädchen hatten einen unzerstörbaren Panzer. Zumindest hoffte ich das.

Mit den Medien zusammenarbeiten

Der Campingplatz nahm allmählich Gestalt an: Unter den Olivenbäumen waren Zelte aufgestellt, und um einen von Emmaüs Marseille gespendeten großen Gasherd entstand unter freiem Himmel eine improvisierte Küche. Lucile machte lächelnd wie immer in einem großen Topf Tee. In meinem Wohnzimmer herrschte das übliche Chaos, die Kids kreischten ins Telefon. Die Jugendlichen aus der Kirche kamen jetzt von allein zu mir. Ich verlor die Kontrolle.

Hubert fing an zu lachen, als ich ihm das berichtete.

»Aber das ist nicht lustig, Hubert! Wir sind überfüllt! Ich weiß nicht, wie wir mit all dem fertigwerden sollen. Die Bürgerinitiativen sind zu lahm. Wir müssen irgendeinen Weg finden, damit die Bullen aufhören, Scheiße zu bauen, und das Departement sich um die Kids kümmert.«

»Du brauchst nur die Medien zu alarmieren.«

»Was?«

»Na, anstatt die Journalisten wegzuschicken, rede mit ihnen!«

»Bin nicht sehr scharf drauf. Außerdem weiß ich nicht, was ich ihnen sagen soll.«

»Du wirst schon sehen. Das funktioniert.«

21. Die amerikanische Zeitung

»Habt ihr Schwarze gesehen und flippt aus?«

Das rief ich entnervt den vier Bahnpolizisten zu, die auf die kleine Gruppe Migranten auf dem Bahnsteig zustürzten, die ich zum Zug begleitete.

Wir hatten an diesem Tag den neuen Minibus eingeweiht, einen durch Crowdfunding finanzierten geräumigen Renault Master mit neun Plätzen, in dem man acht und mehr Personen transportieren konnte. Dass die Kids nicht angeschnallt waren, war sicher nicht in Ordnung, aber wie sollte ich ihnen klarmachen, dass Sicherheitsgurte in Frankreich obligatorisch sind, während sie zu zweihundert in einem kleinen Boot übers Mittelmeer gekommen waren? Für sie war die Polizei das größte Risiko, nicht die Platanen.

Die Fahrt war ohne Hindernisse verlaufen. Ein Kontakt hatte mich gewarnt, dass der Bahnhof von Antibes voller Bullen war, und so war ich nach Cannes weitergefahren. Auf dem Parkplatz spielte ich den Clown, um die Atmosphäre zu entspannen, und hinterließ dann mit meinen groben Bergschuhen Hühnermist auf den hellen Marmorstufen des luxuriösen Bahnhofs.

In der Halle war nichts Besonderes zu sehen außer den Wachleuten, die beim Anblick der Gruppe von Schwarzen wohl die Bahnpolizei informiert hatten. Nach einem kleinen Gerangel rannten wir wie die Irren, die Bullen an den Fersen, sprangen in den Minibus und rasten davon. Gerettet! Nach ein paar Kilometern sah ich im Rückspiegel zwei unbekannte Jugendliche. Sie hatten uns wegrennen sehen und waren mit ins Auto gesprungen.

Die Szene hatte sich vor den Augen von Adam Nossiter abgespielt, einem Reporter der *New York Times*. Als er bei mir auf dem Campingplatz auftauchte, machte er einen komischen Eindruck auf mich. Er notierte sich kaum etwas und sah mich entgeistert an, als interessiere ihn unsere Geschichte nicht.

»Weißt du, wer Adam Nossiter ist?«, fragte mich sein Fotograf, Pierre Terdjman.

»Nein.«

»Ein großer Reporter, du solltest ihn ernst nehmen!«

»Ich finde ihn komisch.«

»Er findet es surreal, was in diesem Tal vorgeht, und bewundert, wie du die Dinge einfach in die Hand nimmst. Spiel mit, und du wirst sehen, wozu er imstande ist!«

Ihre Reportage prangte am 5. Oktober 2016 auf der Titelseite der *New York Times* unter dem Titel *A French Underground Railroad, Moving African Migrants* (Ein französisches Fluchtnetzwerk hilft afrikanischen Migranten). Nossiter schrieb, ich sei »für manche ein lokaler Held, für andere ein Gesetzloser«, und beschrieb die Lage an der Grenze verblüffend: »Junge Afrikaner, manche noch Kinder, werden routinemäßig aus den Zügen geholt, Szenen, die bitter an die Judenverfolgung während des Zweiten Weltkriegs durch die Franzosen erinnern.«

Der Vergleich war gewagt, und als ich ein paar Monate später einen ähnlichen verwendete, um den Präfekten anzuprangern, bekam ich Ärger mit der Justiz. Nossiter schrieb weiter, ich sei »de facto Chef eines diskreten Netzes von Fluchthelfern«, die »fast klandestin gegen die unmenschliche« Reaktion der

Regierung auf die Situation an der Grenze kämpften. Deren Verhalten sei allerdings »konfus«. »Die Polizei weiß genau, wo sich Mr. Herrou befindet und was er tut. Aber die meiste Zeit lassen sie ihn machen.«

Sein langer Artikel schließt mit einer Szene, die ihn beeindruckt hatte. »Der 18 Uhr 16 aus Ventimiglia rollt in den adretten Bahnhof Menton-Garavan, den ersten auf der französischen Seite. Sofort beziehen französische Polizisten auf dem Bahnsteig Stellung. Sie steigen in den kleinen Zug und finden, was sie suchen: drei afrikanische Jugendliche, die nach Frankreich durchschlüpfen wollen. Die abgerissen gekleideten Jungs erhalten den Befehl, auszusteigen und ihre Rucksäcke zu leeren, während gut gekleidete Passagiere es vermeiden, sie anzusehen. Als bald darauf der Gegenzug nach Italien ankommt, werden die Jungs hineingesteckt. Die Polizisten sagen, sie nähmen nicht gern Migranten fest [...]. ›Das sind Minderjährige, total hilflos‹, sagt einer mit einer Grimasse. Auch die Eisenbahner sehen es nicht gern, aber auch sie protestieren nicht. ›Es sind Frauen und Kinder dabei‹, sagt der Bahnhofsvorsteher leise. ›Es ist schrecklich.‹«

Dieser Artikel, den ich wegen meines mangelhaften Englisch nicht lesen konnte, erregte Aufsehen. Seither waren wir im Fokus der Medien und im Visier mancher Politiker.

Der Krieg der Worte und Bilder war eröffnet.

Der Medienkrieg

Nicht nur die Grenzpolizei, die mich auf dem Kieker hatte, sondern auch die politische Prominenz tobte. Éric Ciotti und Christian Estrosi, beide Herolde der extremen Rechten an der Côte d'Azur, alarmierten die Regierung und den Staatsanwalt, um meine Aktionen, was sage ich, meine Provokationen zu beenden. Sie fühlten sich auf ihrem ureigensten Gebiet verhöhnt, dem der Migration.

Denn die extreme Rechte liebt die Ausländer, sie sind ihr Geschäftskapital. Man braucht sich nur die Mitteilungen von Éric Ciotti anzuschauen, in denen es immer um einen bunten Reigen von Straftaten geht, begangen in den »populären« Vierteln oder Zonen beziehungsweise Slums von Personen stets ausländischer Herkunft – in Wirklichkeit oft Franzosen. Aber ist er je direkt mit Ausländern konfrontiert? Nein. Doch er existiert, weil sie existieren. Er macht sein Geschäft mit ihnen, das Geschäft mit der Angst.

Es mag normal sein, dass manche Bürger erschrecken, wenn das Leid plötzlich vor ihrer Tür steht, verkörpert in Menschen, die Unerträgliches erlebt haben und an Traumen leiden, von denen wir keine Vorstellung haben. Wenn man diese Bürger beruhigen würde, könnten sie Verständnis entwickeln und in dieser Tragödie das Individuum sehen. Doch die Politiker der extremen Rechten tun alles, damit die Leute ihre Ängste behalten und sich nie wünschen, die ins Exil Getriebenen zu verstehen. Sie beruhigen? Bloß nicht, sonst würden diese Politiker ihre Kundschaft verlieren.

»Du bist erledigt, kaputt, dead!«

Während des x-ten Polizeigewahrsams ein paar Wochen später sagte mir ein Offizier der Kriminalpolizei: »Du wolltest sie provozieren, und du hast sie provoziert, bis ganz oben, sie werden dich nicht in Ruhe lassen, du bist erledigt, kaputt, dead! Ihre Dampfwalze ist dir an den Fersen, sie werden dich plattmachen wie Dreck. Wenn nicht diesmal, dann ein andermal ...«

Er hatte nicht unrecht, denn die Dampfwalze war, ohne dass ich ein schlechtes Wortspiel machen will, *en marche*. Wir mussten schnell handeln, sehr schnell, die Methoden ändern, unkontrollierbar, gerissen und unvorhersehbar sein. Wie ein Schmetterling, der leicht, verletzlich, lebendig ist und der Dampfwalze davonfliegt. Der Schmetterling kann sich sogar für ein paar Sekunden auf ihr niederlassen, zur Provokation, zum Spaß oder aus Lust am Risiko, aber er darf nicht einschlafen oder länger verweilen. Die Dampfwalze zermalmt alles auf ihrem Weg – aber was für eine Idee, mit so einer Maschine einen Schmetterling töten zu wollen?

Um auf ihren Krieg zu antworten, benutzte ich ihre eigenen Waffen: die Medien und die Justiz. Ich musste mich mit Anwälten und Juristen umgeben, den Narren spielen und das vor den Bullen nicht allzu offen zeigen. Sie glaubten, es mit einem linksextremen beziehungsweise anarchistischen und obendrein dummen No Borders zu tun zu haben, der stur weitermachen würde. Doch um mich in die Enge zu treiben, müssten sie mich in flagranti erwischen, wenn ich mit Migranten über die Grenze fahre, und den Gefallen würde ich ihnen nicht tun. Ich trieb umgekehrt sie in die Enge. Sie verachteten mich, und ich tat es umgekehrt auch. Der einzige Unterschied: Sie hielten sich für unantastbar.

Ich nutzte eine ihrer Methoden, nämlich einen oder mehrere Verantwortliche bezeichnen, dem Gegner einen Namen geben. Meine Ziele waren nicht die Polizisten oder Gendarmen, die Befehle ausführen, sondern der Präfekt, der den Staat verkörpert, und Éric Ciotti von den Républicains. Zuerst dachte ich daran, einen von der extremen Rechten zu nehmen, aber das liefe darauf hinaus, für ihn Reklame zu machen. Der Republikaner Ciotti war besser. Ich hatte genug Distanz und Verachtung, um mich nicht aufzuregen; seine Dummheit und Lächerlichkeit besänftigten mich eher. Ich würde sie provozieren, bis sie mich angriffen wie tollwütige Hunde. Der Schmetterling musste sich auf ihre Wange setzen, damit sie sich selbst eine schallende Ohrfeige verpassten!

Jedoch lehnte ich ab, eine andere ihrer Waffen einzusetzen: Gewalt. Unsere Kräfte wären immer ungleich. Der Schmetterling kann nicht dreinschlagen, selbst wenn er wollte – er ist zu leicht.

22. »Help me!«

Der verzweifelte Anruf klingt mir noch in den Ohren.

»Help me! Help me!«

Eine Frau rief mich aus der Kirche in Ventimiglia an. Ihrer Stimme nach schien sie verzweifelt. Ich fuhr sofort hin. Sie zitterte. Sie war in Menton vorläufig festgenommen, von ihrem Baby und dessen Vater getrennt und allein nach Italien zurückgeschickt worden. Nun litt sie furchtbar, weil sie nicht stillen konnte, und hielt sich mit schmerzverzerrtem Gesicht die Brüste.

Sie war im Zug von Ventimiglia nach Frankreich festgenommen worden, ein Weg über die Grenze, den nur die Hilflosesten nahmen, die keine andere Wahl hatten, Familien, Frauen mit Kindern und Behinderte, die schon ahnten, dass sie in die Falle gingen. Die Polizisten warten in aller Ruhe auf dem Bahnsteig in Menton, steigen in den Zug und mustern jeden Fahrgast. Kontrolliert werden nur die »Farbigen«. Meist werden diese Festnahmen mit einem Minimum an Respekt und Menschlichkeit durchgeführt. Aber wenn sich Exilierte auf der Toilette verstecken, zögern die Bullen nicht, die Tür aufzubrechen und ihre Beute auf den Bahnsteig zu zerren. Manchmal rastet der Polizist oder die festgenommene Person aus – zu viele Schreie, zu viele Tränen, zu starke Anspannung.

Als die Bullen in ihren Zug stiegen, saß die Mutter von Baby und Mann getrennt auf einer Bank. Sie kamen auf sie zu.

»Ausweiskontrolle, Ihre Papiere.«

Sie verstand nichts, aber die Gesten der Polizisten genügten. Wie alle Exilierten reiste sie ohne Papiere, die längst verloren, gestohlen oder zerrissen waren. Ein Polizist packte sie am Arm.

»Sie müssen aussteigen.«

Die dreckige Routine lief ab. Die Frau wehrte sich, schrie auf Tigrinya, brüllte aus Leibeskräften. Die anderen Fahrgäste rissen die Augen auf oder sahen weg, gewöhnt an diese Szenen, die sich auf dem Weg zur Arbeit täglich wiederholten. Mit letzter Kraft schubste sie die Männer in Uniform weg, dann fiel sie zu Boden und blieb reglos liegen. Zwei Polizisten stellten sie wieder auf die Beine und führten sie hinaus auf den Bahnsteig. Resigniert ließ sie sich mitnehmen. Nach dem Aufbegehren die Hoffnungslosigkeit.

Der Vater hatte die Szene stumm beobachtet. Zum Glück hielten die Bullen diesen Papa mit dem Baby auf dem Arm für einen Einheimischen und kontrollierten ihn nicht, er würde ungehindert über die Grenze kommen. Hätte er aufspringen, protestieren, zu seiner Frau eilen, sie verteidigen sollen? Dieser Beschützerreflex hätte nichts bewirkt; er hätte sich nur den Wölfen zum Fraß vorgeworfen. Manchmal zwingt die Tragödie der Migration zu einem trostlosen Jeder-für-sich.

Er hoffte bis zum Schluss, dass sie wieder einsteigen würde. Doch kein Wunder geschah. Die Türen schlossen sich, der Zug fuhr an. Sie blieb weinend auf dem Bahnsteig zurück.

Als sie mir ein paar Stunden später ihre Geschichte erzählte, packte mich die Wut, ich zitterte am ganzen Körper vor Zorn. Wie weit würde man die Infamie noch treiben? Zwar hatten die Bullen gehandelt, ohne die Folgen zu kennen, doch das änderte nichts. Wie viele Familien wurden auseinandergerissen, nur um die Abschiebestatistik zu verbessern?

Ich erklärte mich bereit, sie nach Marseille zu fahren, um

nach ihrer Familie zu suchen. Die Fahrt war lang, über drei Stunden; ihre Brüste schmerzten immer stärker. Ich hielt an, um eine Milchpumpe zu kaufen. Die Apothekerin wunderte sich über meinen Wunsch, und ich erklärte ihr die Situation. Sie war sprachlos, konnte es nicht fassen und schenkte mir das Gerät.

In Marseille fanden wir keine Spur von Ehemann und Baby. Später erfuhren wir, dass er der Sache nicht getraut hatte – zu Recht – und lieber weitergefahren war bis Paris, wo es sicherer war und ihm keine sofortige Zurückweisung drohte. Nach drei endlosen Tagen der Trennung fand sie Mann und Baby dort wieder.

Ihre Geschichte empört mich immer noch.

Campingplatz Cédric Herrou (CCH)

Mein Mobiltelefon klingelte pausenlos. Eine Frau mit Kind, eine Gruppe Jugendlicher, eine Familie am Bahnhof von Breil, Saorge oder Tende – alle riefen um Hilfe. Anrufer aus Eritrea weckten mich, um zu fragen, ob der »Plan« funktioniere. Wenn Tschen nachts bellte, wussten wir, dass Geflüchtete ankamen. Und es kam, wie ich befürchtet hatte: Wir wurden von Gästen überschwemmt, denn jeder Ankömmling informierte andere, die sich ihrerseits überstürzt in Ventimiglia auf den Weg machten.

Mit seinen beiden per Hubschrauber eingeflogenen Wohnwagen, seinen paar Zelten und seiner bunten Lichterkette war der »Campingplatz Cédric Herrou« zur ersten Aufnahme- und Beratungsstelle hinter der Grenze geworden. In diesem Departement, das sich weigerte, die Aufnahme zu organisieren, gewährleisteten wir eine behelfsmäßige Versorgung, was nur möglich war dank der kollektiven Energie, dem *good will* der

Freiwilligen im Royatal und großzügigen anonymen Spenden. Doch dieser außerordentliche öffentliche Dienst arbeitete unter der ständigen Drohung strafrechtlicher Verfolgung. Die Lage spitzte sich immer mehr zu.

Auf dem Markt in Breil kam eine erschrockene Kundin zu mir:»Ich habe gerade gesehen, wie ein paar Jungs von Soldaten mit Maschinenpistolen verfolgt wurden. Schrecklich, das ist ja wie im Krieg!«

Ich rannte los. Am Bahngleis angekommen, filmte ich die »Wachsoldaten« mit meinem Mobiltelefon. Die Gendarmen beobachteten die Szene, ohne auch nur einen Finger zu rühren. Ich ließ meiner Wut freien Lauf:»Die Wachsoldaten jagen die Jungs in die Tunnel! Und wenn ein Zug kommt? Ihr wisst, dass die Tunnel schmal sind und man sich an die Wand pressen muss, um nicht überfahren zu werden. Ihr wisst auch, dass die Jungs meist aus dem Südsudan oder aus Eritrea kommen und den Krieg erlebt haben… Wenn uniformierte Soldaten mit großkalibrigen Waffen sie verfolgen, sind sie starr vor Angst, dass sie getötet werden. Sind eure Kumpel übergeschnappt?«

Einige der verfolgten Jugendlichen sprangen von einer sechs bis acht Meter hohen Mauer in die Roya. Die Soldaten überließen ihre Beute den Strömungen des Flusses. Die Geflüchteten kletterten mühsam ans Ufer, einige mit verstauchten Knöcheln. Zum Glück war keiner schwer verletzt.

Noch am selben Nachmittag bestellte mich die Ermittlungsbrigade der Gendarmerie von Menton als Zeugen ein. Es wurde eine Untersuchung eingeleitet. Durch die schlecht isolierte Tür hörte ich die Aussage eines Gendarmen:»Die Wachsoldaten sind verrückt geworden… Wenn ein Zug gekommen wäre, wären die Jungs jetzt vielleicht tot!«

23. Paranoid

Ich wurde allmählich paranoid. Ich schlief nur drei oder vier Stunden, in meinem Hirn brodelte es unaufhörlich. Wir brachten jeden Tag Leute fort. Lucile und ich waren erschöpft; die Müdigkeit vernebelte unsere Gedanken. Ich wusste nicht mehr, ob unsere Ängste begründet waren. Die Journalisten gaben sich bei uns die Klinke in die Hand – immer dieselben Fragen, dieselben Kameraeinstellungen ... Sie beschworen mich, eigens für sie eine Fahrt über die Grenze zu organisieren, als wäre ich Schauspieler oder Eventmanager. Das Fernsehen ist echt Scheiße. Die gedruckte Presse ist mir lieber – Interviews mit Zeitungsreportern gehören zu den seltenen Momenten, in denen mir jemand aufmerksam zuhört. Dann kann ich mir Luft machen, ein bisschen wie in einer Therapiesitzung. Auch das Radio mag ich, es ist intim, sensibel und weckt die Fantasie der Zuhörer.

Ich legte mich vollständig angezogen und mit Schuhen schlafen. Ich hatte mir eine Schrotpistole besorgt. Je häufiger die Presse über uns berichtete, desto mehr Todesdrohungen erhielten wir. Am schlimmsten war es, wenn ein Politiker meine Aktionen kritisierte, dann brachen alle Dämme. Die geladene Knarre lag immer neben meinem Kopfkissen und ein Jagdgewehr auf dem Dachboden. Das Geräusch von Katzenpfoten verwandelte sich in einen Angriff, das Knarren des Holzfußbodens in eine Durchsuchung. Ich rauchte keine Joints mehr, denn sie machten mich paranoid. Oder halfen sie mir zu erkennen, in welche Scheiße ich mich geritten hatte? Ich begriff nicht, warum die Bullen mich nicht zu Hause oder auf der Straße hopsnahmen. Ich konnte nicht glauben, dass sie derart unfähig waren. Oder aber sie wollten mich zu einem Fehler verleiten.

Die Unterbringungssituation verschlechterte sich. Unsere Gäste schliefen zu fünft in einem Zelt, unter Rettungsdecken. Es war Herbst, es regnete jeden Tag; alle waren durchnässt, die Füße steckten im Schlamm. Der Campingplatz Herrou war für sieben bis vierzehn Personen ausgelegt. Mit sieben war es angenehm, mit vierzehn beinahe unmöglich. Und mit achtzig auf dem Fußboden eine Katastrophe. Es wurden Löcher für die Notdurft gegraben. Zum Glück fehlte es uns materiell an nichts: Unser Freund Pakeret, der die Spenden koordinierte, brachte uns Essen und Decken.

Überall im Tal beherbergten die Bürger heimlich Geflüchtete, aber das reichte nicht mehr aus. Der Präfekt sah zu, wie wir uns immer tiefer reinritten. Ich stellte mir vor, wie er sich sagte: Herrou wird abstürzen. Es wird ein Drama passieren, und das wird ihm eine Lehre sein.

Ich hatte auf mediale Aufmerksamkeit gesetzt, und sie wollten mich durch die mediale Aufmerksamkeit vernichten. Es genügte, dass nach einer Hausdurchsuchung Fotos von achtzig auf dem Fußboden schlafenden Personen in den Medien erschienen. Wir mussten reagieren.

»Wir müssen entweder alle rauswerfen oder anderswo ein Haus besetzen, sonst fahren wir geradewegs an die Wand«, sagte ich zu Lucile.

Wir fuhren für drei Tage weg und überließen Freunden die Aufsicht über den Campingplatz. Als wir zurückkamen, wussten wir, was tun: Wir wollten im Tal einen Ort der Aufnahme und der Forderung nach Asyl schaffen.

24. Wir besetzen Les Lucioles

Das ehemalige Ferienlager der SNCF, Frankreichs staatlicher Eisenbahngesellschaft, wird in einen Zufluchtsort für Exilierte verwandelt. Ein paar Freiwillige machen sauber, andere reparieren kaputte Fenster oder richten die Schlafräume her. Alle arbeiten zusammen, die Sprachen mischen sich, Französisch mit Tigrinya, Arabisch mit Italienisch. Zu sehen, wie all diese Menschen unterschiedlicher Sensibilität und Nationalität, verschiedenen sozialen Status' und Alters sich für ein und dieselbe Sache engagieren, weckt wieder Vertrauen in die Menschheit. Die Organisation läuft reibungslos, die Stimmung ist herzlich. Die meisten von uns hatten bisher im Verborgenen gehandelt; jetzt wollen wir ans Licht bringen, was unser Tal durchmacht.

Frankreich muss sich über die Folgen dieser Jagd auf Einwanderer klar werden. Ich sehe nicht ein, warum wir bereitwillige kollaterale Opfer dieser Politik sein sollen. Dass der Präfekt auf Weisung des Innenministers handelt und dabei keine Skrupel kennt, ist verständlich, denn dafür wird er bezahlt. Doch wir, Bauern, Krankenpfleger, Grundschullehrer und Rentner, Frauen und Männer, die mit Vernunft und einem Gewissen begabt sind, arbeiten im Geist der Brüderlichkeit. Das ist keine Frage von politischem Bewusstsein oder Aktivismus. Wir sind Bewohner eines kleinen Tals, das wir lieben, und können angesichts des Elends nicht tatenlos bleiben.

Am 17. Oktober 2016 beschlossen wir, eine Gruppe von Eritreern und Sudanesen, die sich gerade bei mir aufhielt, und einige Vereine, einstimmig, das Gelände von Les Lucioles in Saint-Dalmas-de-Tende zu besetzen. René und ich machten uns als Späher auf den Weg. René, ein gut aussehender, noch jugendlicher pensionierter Gymnasiallehrer mit durchdringendem Blick aus seinen graublauen Augen, kannte als Mann der Berge alle Pässe und Wege im Tal. Er war einer der aktivsten Mitstreiter von Roya citoyenne und kämpfte an allen Fronten dafür, das Tal am Leben zu erhalten.

Das ehemalige Ferienlager der SNCF nahm bis 1991 Hunderte von Bahnarbeiterkindern auf. Seitdem verwahrlosen die Gebäude mit der schönen Aussicht, die das drei Hektar große Gelände beherrschen: Erdgeschossfenster kaputt, nackte Elektrokabel, Innenräume verwüstet. Unser Kollektiv, das wir ironisch CRS (Collectif Roya Solidaire) nannten – wie die gefürchteten Spezialeinsatzkräfte –, installierte eine Küche, Wasserleitungen, die Apotheke. Auch mein Vater Christian half. Zu erleben, dass dieser so integre, gesetzestreue Mann mir vertraute, rührte mich zutiefst. Das illegale Herrou-Netzwerk war *en marche*, nichts konnte es aufhalten … Nun ja, fast nichts.

Wenig später hielten uns Gendarmen an, als ich am Steuer telefonierte. Ich stammelte ein paar Entschuldigungen, erklärte, dass die Kälte und der Regen uns gezwungen hätten, die sechs Jugendlichen auf der Rückbank bei Bewohnern des Royatals unterzubringen, wo sie es warm und trocken haben würden.

»Haben sie Papiere?«

»Nein …«

Der Gendarm rief seinen Vorgesetzten an und ließ uns weiterfahren. Uff! Ein Gendarmenkäppi macht nicht zwangsläufig gefühllos.

In Les Lucioles kursierte die Nachricht schon, in der bei Gerüchten üblichen dramatisierten Form: »Cédric ist geschnappt worden!«

Im Erdgeschoss, das jetzt als Arztpraxis diente, waren die Médecins du Monde am Werk. Ein fassungsloser Arzt behandelte einen etwa Zwanzigjährigen, der über Schmerzen am Fußknöchel klagte. Die Wunde hatte sich wieder geschlossen, aber er hatte noch eine Kugel im Bein. Der Arzt erklärte, hier könne er sie ihm leider nicht herausoperieren.

Richard, früher Chefkoch bei der Fête de l'Olive, kochte für die hundertfünfzig Anwesenden. Ich dachte an mein jetzt leeres Haus. Mich dort endlich wieder mal ausruhen? Aber was hier passierte, war so schön und intensiv, dass ich es um nichts in der Welt verpassen wollte.

Rausschmuggeln

Keine zwölf Stunden nach unserer Besetzung umstellten Gendarmen Les Lucioles. Es waren etwa hundert, auf den ersten Blick wirkten sie aggressiv. Sie erklärten sich aber einverstanden, dass der Zugang frei blieb, damit Nahrungsmittel und medizinisches Material für die hier einquartierten 58 Personen gebracht werden konnten. Am Eingang erkannte ich meine Freunde von der Grenzpolizei wieder, die beiden Testosterongeschwellten mit dem derben Humor. Da ich zum Sprecher gewählt worden war, nannte ich unsere Forderungen: Die Volljährigen wollen Zugang zu der Dienststelle, wo sie ihren Asylantrag stellen können; die unbegleiteten Minderjährigen verlangen die Betreuung durch das Departement; wir, Collectif Roya Solidaire, fordern vom französischen Staat, dass er unsere Aktionen weiterführt und die Notlage der Menschen berücksichtigt. Der Staat solle auf humanitärer und auf administrativer Ebene tätig werden und es den Geflüchteten durch die Schaffung einer Aufnahmestelle im Tal ermöglichen, ihre Rechte wahrzunehmen. Oder aber er solle zulassen, dass wir das übernehmen, und uns einen Ort dafür zur Verfügung stellen.

Nicht gerade Punk, diese Forderungen! Wir verlangten nicht die Abschaffung der Grenzen, sondern lediglich Gesetzestreue. Ich erklärte den Gendarmen, das Kollektiv sei horizontal organisiert und ich äußere mich als Sprecher, nicht als Chef. Die Beschlüsse beruhten auf Mehrheitsentscheidungen, bei denen jede Stimme gleich viel zähle. Die unbegleiteten Minderjährigen und die Volljährigen, die einen Asylantrag stellen wollten, hätten diese Forderungen mitformuliert.

Während Jugendliche aus Saint-Dalmas und einige der Eritreer Fußball spielten, kreuzte ein Verantwortlicher der SNCF mit einem Gerichtsvollzieher auf, der die Anwesenheit von »Personen afrikanischer Herkunft ohne gültige Aufenthaltserlaubnis« feststellte. Wie kam er zu dieser Schlussfolgerung? Die Tatsache, dass die Geflüchteten schwarz waren, war doch kein ausreichender Beweis für ihre behördliche Illegalität! Keiner der anwesenden Gendarmen und Polizisten hatte Ausweiskontrollen durchgeführt. Dieses verblüffende Versäumnis zeigte, welche Verachtung die Grenzpolizei uns entgegenbrachte. Dank diesem Versäumnis würde ich vier Jahre später freigesprochen werden.

In der folgenden Nacht schmuggelte Pierre-Alain Mannoni, Wissenschaftler am Forschungszentrum CNRS, drei junge Frauen, denen es schlecht ging, aus Les Lucioles heraus, um sie nach Nizza zu bringen. Wie konnte er glauben, dass sein Wagen an der Mautstelle von La Turbie nicht kontrolliert werden würde? Wenig überraschend wurde er vorläufig festgenommen und die Frauen nach Italien zurückgeschickt.

Daraufhin erschütterte eine hitzige Diskussion das Kollektiv. Einige wollten die Exilierten rausschleusen, andere, darunter ich, wollten lieber mit ihnen in Les Lucioles bleiben. Wir strebten doch eine langfristige Lösung an. Warum hätten wir diese Besetzung sonst initiiert? Wir hätten ihnen schon vorher helfen können, hier abzuhauen. Es wurde abgestimmt: Das Kollektiv war mehrheitlich fürs Rausschmuggeln. Diese Entscheidung erschien mir verantwortungslos. Wir fanden einen Kompromiss: Wir würden die Volljährigen rausschmuggeln, die bei einer Räumung des Geländes Gefahr liefen, nach Italien zurückgeschickt zu werden. Und die Jüngeren in Les Lucioles zu behalten, damit das Departement ihre Betreuung übernahm.

Am frühen Abend rief mich ein Journalist an. Er wolle morgen früh um sieben ein Interview mit mir machen. Warum so früh?

»Monsieur Ciotti hat angekündigt, dass Sie um sieben Uhr geräumt werden.«

»Danke für die Info!«

23 Uhr. Das Ausschleusen steht unmittelbar bevor. Die Autos stehen auf dem Bahnhofsparkplatz bereit. Ich begleite die Gruppe der Volljährigen auf dem dreihundert Meter langen schmalen Weg, der versteckt zwischen Fußballstadion und Les Lucioles liegt. Sie sollen in Vierergruppen gehen und Gruppe für Gruppe in die Autos steigen. Bloß die Ruhe bewahren und zusammenbleiben.

Doch mein Plan geht nicht auf, eine Panikreaktion kostet uns ein paar Minuten, ich schaue auf meine Uhr, gleich sind die Bullen da. Uns bleiben dreißig Sekunden, um ihnen zu entgehen. Die Autos fahren in Kolonne los, ohne Licht. Ich habe Angst. Ich renne bis zur Kreuzung, mein Herz klopft wie wild, verdammt, verdammt! In der Ferne sehe ich die Autos links abbiegen, ins Tal hinauf, Sekundenbruchteile vor dem Auftauchen der Gendarmen. Bei mir angekommen, drosseln sie das Tempo und starren mich an. Sie haben nichts geschnallt.

Ich fasse es nicht, wir haben es vor ihren Augen geschafft, unglaublich! Auch wenn die Idee nicht von mir stammt und ich absolut dagegen war, bin ich stolz, zu diesem Team zu gehören, und froh, dass meine Meinung sich nicht durchgesetzt hat.

25. Ende der Immunität

Am nächsten Morgen erscheinen zwei wichtig aussehende Männer: Oberstaatsanwalt Jean-Michel Prêtre und François-Xavier Lauch, der Kabinettschef des Präfekten. Unsere Initiative interessiert höheren Orts! Ihre guten, ja direkt eleganten Anzüge stehen in krassem Gegensatz zu unseren Klamotten à la Roya. Haltung und Blick des Staatsanwalts flößen mir Vertrauen ein, er scheint anständig und sensibel zu sein – doch 2019 wird er wegen schlampiger Ermittlungen, unter anderem im Fall einer siebzigjährigen Menschenrechtsaktivistin, die von Polizisten zu Boden geworfen und schwer verletzt worden war, versetzt; der Oberstaatsanwalt befand, keiner der Polizisten habe sie angerührt, doch eine spätere Ermittlung bewies das Gegenteil.

François-Xavier Lauch hingegen, der Abgesandte der Präfektur, wirkte, als sei er gerade der Kinderkrippe entwachsen, und hat ein echtes Ohrfeigengesicht: ein gefühlloser, an der Elitehochschule für öffentliche Verwaltung ausgebildeter Apparatschik, bereit, gleich welches Programm mechanisch und effektiv umzusetzen. Ohne störendes Gewissen. Ein paar Monate später wurde er Emmanuel Macrons Kabinettchef im Elysée und dann zum Präfekten befördert, einer der jüngsten Präfekten der Geschichte.

Ich nutzte diesen direkten Kontakt zu hohen Verantwortlichen, erklärte ihnen, weshalb das illegale Verhalten des Staates uns zu bestimmten Aktionen dränge, zum Beispiel zu dieser Besetzung, und fragte sie direkt: Was sollen wir tun, wenn diese Kids und Erwachsenen bei uns ankommen? Wie sei ihre physische und psychische Unversehrtheit zu schützen? Wer nehme ihr Asylgesuch entgegen? Wer zwinge das Departement dazu, sich um die unbegleiteten Minderjährigen zu kümmern?

Ein Dialog zwischen Tauben. Keiner der beiden geht auf die Fragen ein, und Lauch verschluckt sich fast: »Aber sie kommen doch nicht von allein zu Ihnen!«

»Aber sicher kommen sie von allein! Auf der Straße, auf Gebirgspfaden, in der Nacht entlang der Eisenbahngleise!«

Der Staatsanwalt hält es für unzulässig, Kinder allein in den Zug steigen zu lassen: Wenn Kinder bei mir seien, solle ich sofort die Kinder- und Jugendhilfe (ASE) anrufen. Aber ich habe die ASE schon stundenlang angerufen, ohne eine Antwort zu bekommen. Und die Kinder werden systematisch nach Italien zurückgeschickt – ein vom Staat angeordnetes Verfahren.

»Die Schließung der Grenze hat der Staat angeordnet, nicht ich«, stiehlt sich der Staatsanwalt aus der Verantwortung und schaut den Kabinettchef an.

Lauch erwidert, er schiebe keine Kinder nach Italien ab. Es ist traurig zu sehen, wie sie sich gegenseitig die heiße Kartoffel zuschieben, doch jetzt geht's um die Räumung. Sie würden die Erwachsenen mitnehmen, um die Minderjährigen werde sich die Kinder- und Jugendhilfe kümmern. Ich bin erleichtert: »Hier sind nur noch Minderjährige, die Erwachsenen sind weg.«

»Wie, weg?«

»Weg. Ein Bekannter von Éric Ciotti hat uns gestern Abend über die Räumung informiert.«

»Polizeigewahrsam, Cédric!«

Die Gendarmen packen die Jugendlichen am Arm, wie ein Bauer sich ein Huhn schnappt, um ihm den Hals abzuschneiden. Klickklack – meine zwei »Kumpel« von der Grenzpolizei legen mir grinsend Handschellen an. »Polizeigewahrsam, Cédric!«

Die Gendarmen haben der Grenzpolizei Platz machen müssen, und die zeigt sich eher höflich. Ich fürchte mich nicht wie bei meiner ersten Festnahme. Meine Akte ist leer, mir kann keine Beihilfe zum illegalen Grenzübertritt bewiesen werden. Ihre Fragen beziehen sich denn auch auf Presseartikel: Hole ich die Leute in Ventimiglia ab, oder bringen Komplizen die Exilierten an die Grenze und ich hole sie dort ab? Interessante Idee, aber so arbeite ich nicht.

»Organisieren Sie diese Besetzung für Wohnzwecke?«

»Nein, ich habe ein Haus. Das Ziel ist, dass niemand mehr bei mir ist.«

»Nehmen Sie Individuen auf, die bei Ihnen erscheinen, oder sprechen Sie gezielt Leute an?«

»Wenn ich morgens aufstehe, sind sie schon da, und ich weiß nicht, was ich mit ihnen machen soll.«

Sie kommen auf den vorigen Polizeigewahrsam zurück.

»Wie viele Migranten haben Sie in Italien abgeholt und nach Frankreich gebracht?«

»Ungefähr zweihundert.«

Keine Immunität

Die Polizisten quetschen mich bis zum letzten Moment aus, bevor sie mich ins Untersuchungsgefängnis im Gerichtspalast in Nizza überstellen, in eine winzige Zelle mit blutbesprenkelten Wänden. Dort lässt man mich den ganzen Tag warten.

Ohne Schuhe und Gürtel, ohne das Gummiband um meinen Haarknoten und mit runterrutschenden Hosen sehe ich aus wie ein Junkie auf Entzug. Ich stinke wie ein wildes Tier. Seit vier Tagen habe ich mich nicht gewaschen. Der Gestank in diesen fünf Quadratmetern, ein Mix aus dem Ammoniakgeruch von Urin und Desinfektionsmitteln, ist unerträglich.

Ah, die Flecken an den Wänden sind doch kein Blut, sondern Tomatensauce. Oder nein! Es ist Scheiße ... Das Stehklo ist mit einer gelblich braunen Kruste überzogen. Darüber schwirren noch nie gesehene Fliegen – eine endemische Art? Auch wenn ich auf diese psychologische Folter vorbereitet bin, fühle ich mich erniedrigt. Und ich kenne die Absicht: Wenn man sich selbst fühlt wie Dreck, akzeptiert man, von der Justiz so betrachtet zu werden.

Drei weitere Leute aus dem Kollektiv wurden in Polizeigewahrsam genommen, aber ohne Auflagen wieder entlassen; ich bin das einzige Ziel und werde in den Zellentrakt zurückgeschickt, weil zwei Anklagen gegen mich vorliegen: »Beihilfe zum illegalen Grenzübertritt, Personenverkehr und Aufenthalt von Ausländern in Frankreich« und »nicht genehmigte gemeinschaftliche Niederlassung auf dem Gelände anderer zu Wohnzwecken«. Das erste Delikt wird mit maximal fünf Jahren Gefängnis und einer Geldstrafe von dreitausend Euro bestraft; die sogenannte humanitäre Immunität ist möglich. Die war mir nach dem ersten Polizeigewahrsam zugebilligt worden.

Doch seltsamerweise hat die Staatsanwaltschaft seither ihre Meinung geändert. Dabei liegt diesmal, anders als im August, keine Beihilfe zum illegalen Grenzübertritt nach Frankreich vor. Wo ist da die Logik? Sie scheint eher politisch als juristisch motiviert. Diesmal zieht die Staatsanwaltschaft die Schraube an, um mir eine deutliche Botschaft zu vermitteln: Hören Sie auf zu beherbergen, sonst landen Sie im Knast. An mir wird ein Exempel statuiert. Ich bezahle dafür, dass ich das Problem öffentlich gemacht habe.

Am späten Nachmittag stellte mich eine Vertreterin der Staatsanwaltschaft unter richterliche Aufsicht, verbietet mir, das Departement zu verlassen und kassiert meinen Führerschein; dann darf ich gehen. Im Royatal ohne Auto ... Schwierig. Ich kann nicht mehr durch Italien nach Nizza fahren. Ich muss über die Berge, aber wie? Zu Fuß? Ich habe das Gefühl, schon vor dem Richterspruch verurteilt zu sein.

Als ich nach Hause komme, sind fünfzehn neue Migranten da. Ich habe kein Recht, sie zu beherbergen, aber sie sind da. Ich habe kein Recht, ihnen zu essen zu geben, aber sie sind da. Ich habe kein Recht, ihnen rechtliche Ratschläge zu geben, aber sie sind da. Ich bin wütend auf diese blinde Justiz. Glaubt sie, wir machen das hier zum Spaß?

Fuchsteufelswild melde ich mich bei der Gendarmerie in Breil: »Und was machen wir jetzt?«

Keine Antwort.

26. »Côte-d'Azur-Bürger des Jahres«

Hätte Éric Ciotti noch zwei Haare auf dem kahlen Schädel gehabt, hätte er sie sich ausgerauft, als er den *Nice-Matin* vom 29. Dezember 2016 aufschlug. Völlig unerwartet hatten die Leser mich zum Côte-d'Azur-Bürger des Jahres gewählt, als ein Symbol der Menschlichkeit und weil ich »die Politik der ausgestreckten Hand« verkörpere. Von den zehn Kandidaten, darunter der Präsident des Fußballclubs OGC Nizza, ein Komiker von Koh-Lanta und eine Frau, die gegen eine schwere Krankheit kämpfte, hatte ich mit Abstand die meisten Stimmen erhalten, 55 Prozent. Ein Triumph!

Am nächsten Tag veröffentlichte der *Nice-Matin* Ciottis »Antwort« unter dem Titel: »Nein, Monsieur Herrou ist nicht Côte-d'Azur-Bürger des Jahres!« Das Resultat lag ihm schwer im Magen, und das ist noch euphemistisch ausgedrückt: »Wie viel Vertrauen soll man in einem Departement mit über 1,2 Millionen Einwohnern zum Votum von ein paar Tausend Personen haben, die wahrscheinlich mit den guten alten Methoden der extremen Linken mobilisiert worden sind?« Er griff scharf an: »Wer kann mit Sicherheit sagen, dass sich unter den Hunderten von Migranten, die über die Grenze gebracht zu haben Monsieur Herrou sich rühmt, nicht ein künftiger Terrorist versteckt?«

Er behauptete fälschlich, der Departementsrat mache seine Arbeit. Dabei kümmerten sich unsere Teams längst um sehr viel mehr Kinder als die Departementsinstitutionen, die zu der Zeit ganze 210 unbegleitete Minderjährige aufgenommen hatten. Ciotti hatte noch keine Ahnung, dass er bald gezwungenermaßen »Komplize« unserer Aktionen werden und Busse würde mieten müssen, um die Minderjährigen im Royatal abzuholen.

Ciotti, damals Präsident des Departementsrates, hatte mich auf dem Kieker, seit ich aus meinem ersten Polizeigewahrsam ohne Auflagen entlassen worden war. Dieser Rat, dessen Mitglieder mehrheitlich der Rechten angehörten, hatte schon am 22. September 2016 für den Antrag gestimmt, keine aus Calais verlegten Exilierten aufzunehmen, wie die Regierung plante, die den »Dschungel« räumen wollte. Ciotti hatte eine Frage des Prinzips daraus gemacht, ohne Rücksicht darauf, dass dann Minderjährige in Gefahr gebracht oder in die Illegalität getrieben wurden. Und der Staat schlug unglücklicherweise ohne Scham dieselbe Richtung ein.

Vergebliche Klage

Anfang Dezember 2016 reichten 257 Einwohner des Royatals eine Klage gegen Unbekannt ein, die sich gegen die französischen Behörden richtete, und die beigelegte Petition erklärte: »Die Behörden weigern sich, Männer, Frauen und Kinder, die in Lebensgefahr schweben, in unserem Tal, im Departement, in der PACA-Region* unter würdigen Bedingungen aufzunehmen. Wir verlangen, dass sie sich an Recht und Gesetz und ihre Ver-

---

* Provence, Alpes Maritimes, Côte d'Azur (A. d. Ü.)

pflichtungen halten. Die Migrationsfrage kann nur politisch gelöst werden. Wir fordern die Einrichtung von Empfangszentren und Notunterkünften, um diese Menschen bis zu den Entscheidungen der Behörden in Würde aufzunehmen.«

Die Klage hatte eine Vorgeschichte. Die Bewohner des Tals bekamen es mit der Angst zu tun. Hunderte Minderjährige befanden sich dort, und das Departement weigerte sich weiterhin, sich um sie zu kümmern. Françoise Cotta hatte die Idee, die Gerichte anzurufen. Sie schlug vor, ein Verfahren wegen »Aussetzung ausländischer unbegleiteter Minderjähriger« einzuleiten. Wir hatten es auf Éric Ciotti und den Präfekten Georges-François Leclerc abgesehen.

Ciotti diskreditierte uns sofort und sprach von »einer Handvoll Aktivisten«. Er mahnte den Innenminister, »unnachsichtig diejenigen zu verfolgen, die die menschliche Not ausbeuten«. Das Royatal drohe zu einem »rechtsfreien Raum« unter Führung von Gesetzlosen zu werden, »die durch die Ideologie der linksextremistischen Bewegung verblendet« seien. Ein rechtsfreier Raum? Aber das war doch schon der Fall! Diese Kids waren ja nur bei mir, weil das Departement sie im Stich ließ. Ciotti plusterte sich auf. Wir machten seine Arbeit, und er nannte uns Gangster!

Obwohl wir handfeste Beweise hatten, blieb unsere Klage erfolglos, denn wir waren nicht selbst die Opfer, und die Minderjährigen hatten sich ihr aus verständlicher Angst nicht anschließen wollen. Ich konnte die beharrliche Weigerung der Behörden nicht verstehen. Die Wiedereinführung der Grenzkontrollen wirkte als Trichter, der den Zustrom von Migranten nicht stoppte, sondern lediglich verlangsamte.

Der Präfekt berauschte sich an Zahlen und behauptete Ende des Jahres 2016, seit Januar seien 33 000 »Ausländer ohne legalen Aufenthaltsstatus« vorläufig festgenommen worden, sechstausend mehr als 2015. Die Hauptsache unterschlug er: dass in seiner Rechnung mehrmals dieselben Personen gezählt worden waren, die durchgekommen, dann aber aufgegriffen und nach Italien zurückgeschafft worden waren. Der Zweck: der Bevölkerung Angst zu machen.

27. Der Prozess

»Meine Damen und Herren, das Gericht! Erheben Sie sich!«
Es ist der 4. Januar 2017. Ich hatte noch nie ein Gericht von innen gesehen. Mir wird schnell klar, dass es sich um Theater handelt, eine Riesenkomödie. An diesem Morgen hatte ich mich mühsam aus dem Bett gequält. Hatte ich Angst, verurteilt zu werden, dem Staatsanwalt gegenüberzutreten? Wahrscheinlich. Die Justizbehörden in Nizza flößen mir kein Vertrauen ein. Die Stadt steht unter dem Einfluss einer hartgesottenen Rechten. Doch wie weit reicht er? 1999 war der Staatsanwalt Éric de Montgolfier berufen worden, um am Gericht »aufzuräumen« – vergeblich. Verlorene Akten, schludrige Dienstanweisungen, geheime Machenschaften von Freimaurern, Gefälligkeiten gegenüber den Rechtsextremen – all das, was man verschämt »lokale Eigenheiten« nannte und offiziell schnell unter den Teppich kehrte. Ich befürchtete eine exemplarische Verurteilung, so politisiert war der Prozess.

Bevor ich losfuhr, frühstückte ich mit Hassan und den anderen. Sie würden am Feuer auf meine Rückkehr warten. Wir umarmten uns, als wäre es das letzte Mal. Mit einem flauen Gefühl im Magen setzte ich meine Baskenmütze auf, stieg in meine groben Stiefel. Hassan hütete die imaginären Schlüssel des Campingplatzes. Er lebte seit ein paar Monaten bei mir. Er ist vor zwei Jahren aus dem Tschad geflohen, wo er wegen seiner sexuellen Orientierung verfolgt wurde.

»Gott liebt dich, er wird dich beschützen«, flüsterte er mir zu.

Auf dem Platz vor dem Gericht jubelt mir eine Menschenmenge zu. Ihre Zahl und der lautstarke Zuspruch machen mich verlegen. Das alles gilt mir? Die Journalisten bombardieren mich mit belanglosen Fragen. Langsam steige ich die Treppe hinauf. Die im Giebel eingravierten Worte »Freiheit Gleichheit Brüderlichkeit« machen mir wieder Hoffnung. Hubert ist bei mir; das gibt mir Kraft. »Was ich tue, ist kein Opfer, es ist eine Ehre«, sage ich den Medien. »Lasst Cédric frei, wir schicken euch Ciotti!«, ruft die Menge.

Drinnen wimmelt es von Leuten. Die Roben der Anwälte tanzen durch die Bankreihen, die Gerichtsschreiberin eilt mit einem Berg Akten vorbei, die Journalisten stürzen sich auf die freien Plätze. Wir sind in den großen Schwurgerichtssaal umgeleitet worden, wo normalerweise schwere Verbrechen verhandelt werden. Eine rein logistische Entscheidung – von den vielen Unterstützern überrascht, hatte sich das Gericht für den größten Saal entschieden. Das sorgt für Stimmung.

»Ruhe im Publikum, Telefone aus!«

Es gibt drei Richter, und ich sehe den Oberstaatsanwalt Prêtre wieder, der hier eher in seinem Element zu sein scheint als in Les Lucioles. Ich betrachte sie, einen nach dem anderen, stelle sie mir morgens auf dem Klo vor, bevor sie zur Arbeit gehen, das entspannt mich. Die Sitzung dauert endlos. Zia Oloumi, mein Verteidiger, hatte mich gewarnt: »In Nizza werden wir nicht gewinnen, nicht einmal in der Berufung in Aix-en-Provence, am ehesten in der letzten Instanz. Sag dir, dass dieser Prozess nur eine Formalität ist! Für ein gutes Urteil müssen wir weit weg.«

Aber ich habe Glück, die Vorsitzende ist wohlwollend und gewissenhaft, sie hört mir aufmerksam zu.

»Ich habe Mädchen eingesammelt, die zwölfmal über die Grenze gekommen sind. Auf der Autobahn hat es schon vier Tote gegeben, Familien leiden. Mein Schweigen und Nichthandeln würde mich zum Komplizen machen, und das will ich nicht sein. Der Staat hat die Grenzkontrollen wieder eingeführt und kümmert sich absolut nicht um die Konsequenzen. Das tue *ich*, weil es getan werden muss. Mein einziges Anliegen ist, Tragödien zu verhindern. Ich bin sozusagen ein Opfer meines Erfolgs. Geschichte wird Tag für Tag geschrieben, und es ist unsere Pflicht, uns zu erheben, wenn die Dinge aus dem Ruder laufen. Ich will mich in zwanzig Jahren nicht schämen müssen. Wenn ich muss, werde ich weitermachen.«

Die Zeugen treten auf. Teresa Maffeis, eine Aktivistin aus Nizza, beschreibt, wie die Exilierten, »die glaubten in ein freies Land zu kommen«, zurückgewiesen werden.

»Das sind Menschen mit psychischen Problemen, Verunglückte, Verlorene.« Sie verstehe nicht, was ich vor diesem Gericht soll. »Cédric ist für die Jüngeren eine Vaterfigur. Er hat viele vor einem Schicksal bewahrt, das hätte tragisch enden können.«

Corinne Godard, eine Krankenschwester von Médecins du Monde, die gelegentlich bei mir hilft, beschreibt Dreizehn- oder Vierzehnjährige mit wundgeschürften Füßen, nachdem sie in Flipflops durchs Gebirge gelaufen sind.

»Sie haben Hautverletzungen, manchmal können sie nicht mehr laufen. Das Beste ist, sie ins Warme zu bringen.«

Eine weitere Krankenschwester, Patricia Cadoret sagt, nicht zu helfen sei menschlich unmöglich. Aber einige Gastgeber seien erschöpft. Die Aufnahme koste Zeit, Energie, Emotionen.

»Am Anfang waren wir nur eine Handvoll Helfer«, erzählt René Dahon, Mitglied von Roya citoyenne. »Heute sind wir mehr.« Als Beispiel nennt er das Dorf Saorge: dreihundert Einwohner und etwa dreißig dort untergekommene Migranten. Breil, etwas weiter unten im Tal, erklärt Michel Masseglia, der stellvertretende Bürgermeister, ist als erste Gemeinde nach der Grenze Zeuge dieser humanitären Notsituation. »Und wenn man auf dem Land jemandem begegnet, der in Gefahr ist, schaut man nicht weg, man hält an und fragt nicht nach seinen Papieren. Mit Cédric müssten hier fünfzig Leute stehen. Ich bin auch Cédric Herrou!«

Ungeachtet dieser Aussagen beantragt der Staatsanwalt acht Monate Gefängnis auf Bewährung. Ein unangenehmer Moment, ich habe das Gefühl, rechts und links geohrfeigt zu werden. Er fragt rhetorisch: Warum sollten die Leute nach Frankreich wollen, geht's ihnen in Italien nicht gut? Seiner Meinung nach werde »etwas pompös von humanitärer Aktion« geredet. Ich sei Anführer einer »Aktion kollektiven Ungehorsams«, die ein »ideologisches und politisches« Ziel verfolge: die Grenze zu öffnen, damit »illegale Migranten« sich rechtswidrig in Frankreich niederlassen können. Und allen Tatsachen zum Trotz behauptet er, ich hätte mich »aus kommunikationsstrategischen Gründen für den Prozess entschieden«. Diese Macht habe ich leider nicht. *Er* verfolgt *mich*, nicht umgekehrt. Wahrscheinlich bereut er, dass er mir im August humanitäre Immunität zugebilligt hatte. Unsere Vermutung bestätigt sich: Ich werde verurteilt, weil ich öffentlich über unsere Aktionen gesprochen habe.

In einer Pause will ich rauchen gehen, aber die Journalisten lauern mir auf. Die Bullen von der Grenzpolizei schlagen mir vor, mit ihnen auf die Gerichtstoilette zu gehen. Wir qualmen heimlich wie früher in der Schule. Dann beginnt die letzte Runde, das Plädoyer meines Anwalts und Freundes Zia Oloumi. Er fordert meinen Freispruch. Es gebe keinerlei Beweise, dass die Menschen in Les Lucioles keinen regulären Aufenthaltsstatus hätten. Ich hätte aus humanitären Gründen gehandelt, ohne Gegenleistung, daher komme mir humanitäre Immunität zu. Die Verhandlung wird zur Beratung über das Urteil ausgesetzt. Auf die Entscheidung werden wir warten müssen. Komisches Gefühl, als würde man an einem Fernsehquiz teilnehmen und nicht erfahren, wer gewonnen hat.

Draußen, inzwischen ist es dunkel geworden, stürzen sich die Journalisten auf mich wie Raben auf eine Kuh im Todeskampf. Auf dem vollen Platz erschallen von überallher Slogans. Der Tumult macht mich verrückt. Unmöglich, mit meinen Freunden zu reden. Ich sehe eine Bar, die gerade zumacht, schlüpfe hinein und beschwöre den Kellner. Er zeigt mir die Hintertür. Ich fliehe wie ein Dieb, ohne mich bei den Unterstützern zu bedanken, die stundenlang gewartet haben.

Am nächsten Tag spricht dasselbe Gericht Pierre-Alain Mannoni, den CNRS-Forscher, frei, der angeklagt war, drei Eritreerinnen aus Les Lucioles weggebracht zu haben. Er habe gehandelt, »um ihre Würde zu wahren«, und ihm müsse humanitäre Immunität gewährt werden, urteilt das Gericht. Die Staatsanwaltschaft, die sechs Monate Gefängnis auf Bewährung gefordert hatte, geht sofort in Berufung. Der Freispruch gefällt auch Christian Estrosi nicht, zu der Zeit Präsident des Regionalrats: »Das ist eine Beleidigung der Ordnungskräfte, die ihr Leben riskieren, um das unsere zu schützen.« Schon manch ein Dschihadist habe sich »als Migrant ausgegeben, um auf unser Staatsgebiet zu gelangen«. Immer dieselbe Rhetorik.

28. Ein Sieg für die Minderjährigen

Es gab noch einen Mann in Grau mit bleichem Gesicht, der mit mir nicht klarkam. Der Leiter eines Kinder- und Jugendheims in Nizza, eilig einbestellt in die Gendarmerie in Breil, um drei minderjährige Malier abzuholen, warf mir sofort meine »unwürdigen« Unterbringungsbedingungen vor. Ich entgegnete trocken: Wenn er finde, dass ich seine Arbeit nicht gut genug machte, bräuchte er sie nur selbst zu übernehmen.

Aus Angst, sie zu berühren, begrüßte er die Jungs gar nicht erst und sagte, Jugendliche, die von mir kämen, hätten die Krätze.

»Die fangen sie sich in Libyen ein, also lange vorher«, erwiderte ich. Krätze werde nicht durch einen Händedruck übertragen; es reiche, nicht mit ihnen zusammen zu schlafen. Ich nähme an oder hoffte zumindest, dass das bei ihm keine gängige Praxis sei.

Die Provokation schockierte ihn – umso besser. In seinem Blick sah ich die Verachtung, die er den Jungs und mir entgegenbrachte. Ich pfiff drauf. Endlich wurde das Departement aktiv, dank dem Bürgermeister von Fontan, einem Freund von Ciotti, der ja nicht für sein menschenfreundliches Engagement bekannt war. Der Bürgermeister hatte wegen der Bewohner seines Dorfs, die minderjährige Geflüchtete beherbergten, den Departementsrat alarmiert – ein wirksamerer Beitrag als die Hunderte von Gesuchen, die wir per Post eingereicht hatten.

Erfolgreiche Einsprache beim Richter

Die Lage entschärfte sich vollends, als Mireille Damiano, Fachanwältin für Familienrecht, einen Weg fand, das Departement zur Betreuung aller unbegleiteten Minderjährigen zu verpflichten. Fortan genügte es, dem Jugendgericht ein Fax mit der Meldung »Minderjähriger in Gefahr« zu schicken. Sieg! Das Gericht verfügte daraufhin die einstweilige Unterbringung bei der Kinder- und Jugendhilfe. Dann kamen Erzieher und holten sie ab, aber sie machten sich Sorgen wegen der Straßenkontrollen.

»Wie bringen Sie sie normalerweise nach Nizza? Haben Sie keine Probleme mit der Polizei?«

Was für eine naive Frage! »Genau das ist das Problem. Deshalb stehe ich vor Gericht!«

Die Gendarmen beruhigten sie; sie bräuchten sich keine Sorgen zu machen, die Polizisten an den Checkpoints seien informiert. Wir hatten gewonnen. Die unbegleiteten Minderjährigen kamen endlich in den Genuss des geltenden Rechts, und Luciles und mein Alltag würde etwas einfacher werden.

Die volljährigen Geflüchteten hingegen hatten weiterhin ein ernstes Problem, weil man sie der Möglichkeit beraubte, einen Asylantrag zu stellen. Die logische Konsequenz war, sie gaben sich als Minderjährige aus, in der Hoffnung, es bis Nizza zu schaffen. So hatten wir Dutzende und Aberdutzende »Minderjährige« auf dem Hof. Um sie abzuholen, schickte die Kinder- und Jugendhilfe inzwischen keine Pkws mehr, sondern Busse mit 48 Plätzen.

Wir wussten in den meisten Fällen nicht, welche unserer Gäste minderjährig waren und welche nicht. Das Gesetz verlangt die Feststellung der Minderjährigkeit. Das Jugendgericht verfügt die einstweilige Unterbringung, und dann werden die Geflüchteten von Gutachtern untersucht, um festzustellen, ob sie minderjährig oder volljährig sind. Ich versuchte diejenigen, die ich für volljährig hielt, davon abzubringen, sich als minderjährig auszugeben, und manche sahen es auch ein. Aber auch volljährige Geflüchtete mussten Zugang zum Asylverfahren erhalten; nur so würden sich diese Schummeleien verhindern lassen.

Ich hatte eine Idee – gewagt, aber einen Versuch war es wert. Ich rief Jean-Marc Galland an, den Kabinettchef von Éric Ciotti. »Monsieur Galland, ich nehme an, Sie haben herausgefunden, dass sich unter den Geflüchteten junge Volljährige als Minderjährige ausgegeben haben?«

Er fiel aus allen Wolken. »Monsieur Herrou, Ihre Worte erstaunen mich. Sie geben zu, dass die Volljährigen betrügen? Das bringt den Departementsrat in eine sehr unangenehme Lage. Trotz unseres guten Willens haben wir nur eine begrenzte Anzahl Plätze. Diese Volljährigen nehmen den tatsächlich Minderjährigen, die Anspruch darauf haben, die Plätze weg. Und all das auf Kosten des Steuerzahlers!«

»Genau darüber möchte ich mit Ihnen sprechen. Ich versuche zu verhindern, dass Volljährige die Behörden täuschen, aber es ist nicht an mir, festzustellen, wer minderjährig ist und wer nicht. Wissen Sie, warum die Volljährigen betrügen?«

»Nun ja, um durch die Polizeikontrollen zu kommen.«

»Nicht ganz. Sie betrügen, weil sie im Royatal keine Möglichkeit haben, einen Asylantrag zu stellen. Und sie können nicht nach Nizza fahren, um ihren Antrag in der dortigen Präfektur zu stellen. Ich darf Sie daran erinnern, dass sich das Departement um die Minderjährigen kümmern muss und der Staat um die Volljährigen.« Dann riskierte ich es: »Ich nehme an, es ist Monsieur Ciotti aufgrund seiner Einstellung nicht möglich, den Präfekten aufzufordern, den Asylsuchenden zu ihrem Recht zu verhelfen, damit sie Ihre Dienste nicht länger missbrauchen?«

Jean-Marc Galland machte einen anständigen Eindruck auf mich. Ich war nicht sicher, dass es umgekehrt auch so war.

»Monsieur Herrou, ich will nicht das Recht dieser Personen in Zweifel ziehen, aber glauben Sie nicht, dass Frankreich sein Möglichstes getan hat? Wir können nicht das Elend der ganzen Welt aufnehmen.«

»Ich maße mir nicht an, Ihre politischen Ideen zu kritisieren. Ich versuche, pragmatisch zu sein. Ich erwarte nicht von Monsieur Ciotti, dass er sich öffentlich für den Zugang der Asylsuchenden zum Rechtsweg ausspricht, sondern lediglich, dass er dem Präfekten oder dem Innenminister unser Problem darlegt, das inzwischen auch das seine ist.«

Schweigen am anderen Ende der Leitung. Schließlich sagte Galland: »Ich werde ihn über unser Gespräch unterrichten.«

Die Übernahme der Betreuung durch das Departement blieb weiterhin willkürlich. Sobald wir lockerließen, schickte die Kinder- und Jugendhilfe keine Erzieher mehr. Außer am Morgen des 4. Januar 2017, einen Tag vor dem Prozess: »Monsieur Herrou, wir haben gesehen, dass Sie uns Aufnahmegesuche für Minderjährige geschickt haben. Wir können kommen, wann immer Sie wollen«, säuselte eine Verantwortliche mit honigsüßer Stimme.

Diese Jugendlichen hockten seit mehreren Wochen bei mir und warteten, und jetzt wachte das Departement plötzlich auf, aus Angst, ich könnte auf den Stufen vor dem Gerichtsgebäude mit den Journalisten sprechen? Für die Entwicklung der Kinder hatte der Departementsrat nur Geringschätzung übrig, aber er fürchtete die Fernsehberichte. Diese Angst war unsere wirkungsvollste Waffe.

29. Feinde der Republik

Es kamen fast keine Geflüchteten mehr auf meinem Hof an. Die Schneedecke auf den Berggipfeln hielt die Afrikaner davon ab, den Weg durchs Royatal zu nehmen. Der Himmel war endlos, kein Wölkchen, kein Nebel. Ins Blau mischte sich hier und da ein Hauch Violett. Januar, Monat der Stille: keine Vögel, keine Zikaden, keine Insekten. Alles war ruhig, die Erde drehte sich in Zeitlupe.

Aus der Ferne wirkt der Schneeteppich seidenweich und komfortabel, doch in der Höhe ist alles anders. Der Schnee ist gefroren und schneidend. Die Kälte bedeutet große Leere, das Nichts. Wenn man gemütlich zu Hause sitzt, scheint der Winter ruhig und sanft, doch die Stille überdeckt einen Schmerz. Den Reichen, den Bourgeois, die das Leid nicht kennen, gefällt der Winter. Doch diejenigen, denen er zu schaffen macht, wissen es besser. Die Vögel rühren sich nicht mehr, aus Angst, Kalorien zu verschwenden, die Insekten zählen auf ihre Vorräte, um bis zum Frühling zu überleben.

Die Kälte schlägt bei Tagesanbruch zu. Das Wasser, das sonst das Spülbecken füllt, bleibt in der Leitung stecken. Auch die Menschen in der Welt da draußen, die kein Dach über dem Kopf haben, sind vor Kälte erstarrt. In diesen Stunden wird die Zeit lang, die Gedanken stocken, bleiben in unseren Synapsen stecken wie das gefrorene Wasser in der Leitung. Erst wenn die

Sonne aufgeht, kommt das Leben wieder in Gang, die Gedanken erwachen neu, besonders einer, fliehen.

Das politische Klima war nicht vorteilhaft für uns. Auf der einen Seite die Hassreden von Ciotti und Estrosi, auf der anderen das ohrenbetäubende Schweigen der Linken. Ich fragte mich, wie diese Geschichte ausgehen würde. Ich musste methodisch vorgehen und sehr auf der Hut sein, wenn ich nicht Orangen schälend im Knast landen wollte. Aber ich war zuversichtlich, dass sich die Lage nach und nach klären würde. Wir würden es schon kriegen, dieses Asyl.

Die Roya-Opas und -Oma

Auf meinem Hof hatten sechs Personen, darunter zwei Minderjährige, immer noch im Zelt geschlafen. Das war jetzt im tiefsten Winter bei diesen Temperaturen nicht mehr möglich. Am 6. Januar 2017 verfrachtete ich sie in die Autos einiger Freunde, die sie aus dem Tal bringen wollten. Ich mochte diese Ruheständler, Françoise – nicht die Anwältin –, Sylvain, René, Gibi und Dan, die, früher meist im staatlichen Bildungswesen tätig, nicht bequem geworden und stets bereit waren, sich gegen Unannehmbares aufzulehnen. Sie wurden als die »Roya-Opas und -Oma« bekannt, denn an jenem Tag wurden sie auf einer Passstraße unweit eines Checkpoints vorläufig festgenommen.

Angeklagt wegen Beihilfe zum Personenverkehr für Personen ohne Aufenthaltserlaubnis, fragte René in der Verhandlung das Gericht: »Wie kann ein Mensch dafür verurteilt werden, dass er einem anderen Menschen geholfen hat?«

Gibi zitierte den Thomas Jefferson zugeschriebenen Satz: »Wenn Unrecht zu Recht wird, wird Widerstand zur Pflicht.«

Die fünf bekamen eine Geldbuße von achthundert Euro auf Bewährung. Die Strafe wurde später in der Berufungsverhandlung bestätigt; sie waren also schuldig. Immer häufiger stellte Solidarität in den Augen der Justiz eine Straftat dar. Bürger, die ihren Nächsten Hilfe leisteten, wurden als Feinde der Republik, als Unruhestifter betrachtet; im Namen einer phantasmatischen Sicherheit. Wir, Bürger der Grenzregion, sollten unseren Teil des Staatsgebiets opfern, damit der Rest des Landes die Wirklichkeit ignorieren konnte. Damit das Elend, die Diktaturen und der Krieg nur als von Radio und Fernsehen übertragenes Echo in die Wohnzimmer gelangten.

So konnten die Bürger zwar immer noch ihr Mitgefühl äußern, aber indirekt, nur indirekt – spenden wir zu Weihnachten für die kleinen Afrikaner; helfen wir ihnen dort, nicht hier; organisieren wir Fernsehshows mit einem Großaufgebot von vergessenen Stars; singen wir gemeinsam, um Gelder zu sammeln und die Illusion vom »Land der Menschenrechte« zu nähren, das die ganze Welt inspiriert.

In diesem Frankreich erkenne ich mich nicht wieder. Mein Frankreich verströmt einen anderen Duft, den des Holzofens, um den herum wir uns an den Winterabenden wärmen und der Zeuge einer echten Solidarität ohne Hintergedanken ist.

30. Der Brief an den Staatsanwalt

»Ich bin die Mutter des Mannes, auf den Sie sich eingeschossen haben.«

Am 21. Januar 2017 wandte sich meine Mutter Jackie in den sozialen Netzwerken öffentlich an den Staatsanwalt. Damit reagierte sie darauf, dass mein Bruder Morgan und ich gerade wieder einmal vorläufig festgenommen worden waren.

»Wir hatten sehr unruhige Nächte. Irgendwann bin ich aufgestanden und habe diesen Brief getippt. Es ist so viel Falsches erzählt worden! Dass Cédric mit seinen Aktionen Geld mache, dass er pädophil sei. Auch Todesdrohungen und zerstochene Autoreifen gab es. Mit dem Brief wollte ich zeigen, dass seine Aktionen persönlichen Erfahrungen entspringen, einer stets weitergegebenen, lebendigen Familiengeschichte«, erinnerte sie sich später.

Meine Mutter schilderte dem Staatsanwalt und »all denen, die ihn als Schlepper, Menschenhändler und Dieb beschimpfen«, zunächst unseren familiären Hintergrund. Ihre Großmutter väterlicherseits war 1918 zu Fuß durchs Gebirge über die italienische Grenze gekommen und hatte unterwegs eine Fehlgeburt gehabt. »Vielleicht ist sie damals den Großmüttern der Herren Ciotti und Estrosi begegnet, wer weiß?« Sie verdingte sich »als Arbeitstier« und zog, »einen Lederriemen quer über der Brust, Karren«. »Und meine Schwester wurde in den Ker-

kern der Gestapo geboren, wo unsere deutsche Mutter gefangen gehalten wurde. Dieses Blut fließt zur Hälfte in den Adern meiner beiden Söhne, die Sie am Donnerstag verhaftet haben. Die andere Hälfte ist rein bretonisches Blut. Und so ein Bretone ist stur, und er hat keine Angst vor Unwettern.«

Ironisch fügte sie hinzu:»Meine Söhne sind zwar nicht nur französisch-›stämmig‹ – der Stamm ist das, was von einem gefällten Baum übrig bleibt, oder? –, aber sie haben tiefe und gesunde Wurzeln in diesem Land, das ihr Land ist und das sie lieben.«

Die andere Besonderheit unserer Familie ist die seit über 25 Jahren praktizierte Aufnahme von Pflegekindern. Meine Mutter war gelernte Friseurin und wurde 1984 Pflegemutter. Ich war fünf und Morgan sieben, als die ersten Kleinen zu uns kamen. Insgesamt waren es fünfzehn, vernachlässigte Kinder verschiedenster Herkunft, manche von ihnen misshandelt oder vergewaltigt.

»Wenn Cédric Ihnen sagt, dass diese Kinder, die er auf unseren Straßen und Wegen im Royatal sieht, seine Schwestern und Brüder sind, ist das keine Lüge«, schrieb meine Mutter.»Und wenn er sich so lautstark an die Kinder- und Jugendhilfe wendet, dann deshalb, weil er weiß, wie das System funktioniert.«

Unterschrieben war der Brief mit »Mama Herrou«, dem Spitznamen, den meine Gäste ihr gegeben haben. Mama Herrou, Mama Courroux (Mama Zorn). Das Echo auf ihren flammenden Appell überraschte sie selbst. Mein Vater sagte, den Leuten wurde endlich klar, dass meine Eltern »normal« und stolz auf mich waren.

Florent

Nichts erzählte meine Mutter dem Staatsanwalt darüber, was ihr in ihrem Arbeitsalltag zu schaffen machte, die geringe Anerkennung, die Pflegemütter erhielten. Man erwartet von ihnen keine psychosoziale Begleitung der Kinder; sie sollen sich auf die materielle Versorgung beschränken, Hintern abwischen und zu essen geben. Doch sie taten die ganze Woche lang alles Menschenmögliche, um den Kindern ein gesundes Umfeld zu bieten, nur um sie dann, nachdem sie das Wochenende bei ihren leiblichen Eltern verbracht hatten, ganz erledigt wiederzusehen.

Es schmerzte sie sehr, dass das System die biologischen Eltern begünstigte, doch sie ließ sich davon nicht entmutigen. Mit Hortense wagten meine Eltern einen neuen Schritt. Sie war als Baby zu uns gekommen und wurde auch vor dem Gesetz meine Schwester, als meine Eltern die inzwischen Achtzehnjährige adoptierten. Nachdem ich aus dem Haus war, nahmen sie noch Florent auf, der unter dem Downsyndrom litt, mein zweiter Bruder.

Ich verstand sie nicht ganz. Warum zogen sie nicht einen ruhigen Ruhestand vor? Sie unterschrieben für fünfzehn oder zwanzig Jahre, wenn nicht mehr. Aber ich lag falsch. Trisomie gilt als Behinderung, aber Florent behindert das Leben der anderen keineswegs. Er ist ein umgänglicher Schelm, immer zu Späßen aufgelegt und hat uns und den Kindern in seiner Schule viel gegeben. Alle lieben ihn. Ob seine biologischen Eltern wussten, dass diese Behinderung sich nicht negativ auf die Menschen um ihn herum auswirkt? Anderssein kann bereichern.

31. Die Schöne mit dem strahlenden Lächeln

Sie waren mitten in der Nacht den Eisenbahngleisen gefolgt. Dann hatten sie Licht gesehen und waren in eines der Zelte zwischen den Olivenbäumen geschlüpft, wo sie aneinandergeschmiegt schliefen. Tschen hatte nicht gebellt. Ich stehe frühmorgens auf, ohne auf die Zeit zu achten. Lucile gesellt sich zu mir, nachdem sie auf ihrem Rundgang zu den Zelten festgestellt hat, dass seit dem Vortag ein Dutzend neue Personen angekommen waren.

Wie gewöhnlich lächelt sie, so frisch, als wäre es Mittag. Sie wischt den Tisch ab und fegt, während sie mit mir redet. Ich antworte nicht, mein Mund ist pelzig vom Schlaf und von der angestauten Müdigkeit. Ich warte darauf, dass der Kaffee wirkt. Lucile will über den Tagesplan reden. Ich murmele irgendwas.

»Hörst du mir nicht zu?«

Ich wünsche mir was anderes als diesen Stundenplan für Dinge, die mich noch müder machen. Ich träume davon, »normale« Dinge zu hören, dank denen ich in der kommenden Nacht »normal« schlafen könnte, ohne dass sie mir bis zum Morgen im Kopf herumgehen, Dinge, die den Körper erschöpfen und den Geist bereichern.

Als das Koffein mein Hirn erreicht, hat sie schon losgelegt. Um zu mir zu kommen, serviere ich ihr einen Tee, ohne einen

Blick auf die Neuankömmlinge zu werfen. Ein paar Stunden später setzt sich eine etwa 25-jährige Eritreerin mit großen braunen Augen auf eine Stufe. Ihre Füße sind lang und schmal, ihre Zehen perfekt parallel wie auf altägyptischen Darstellungen und ihre Waden sanft geschwungen. Die zarten Finger massieren die Fußsohlen, das zerzauste Haar fällt ihr in die Stirn und macht sie unwiderstehlich. Ihre fein geschnittenen Lippen flattern, hin und wieder zeichnet sich ein Lächeln ab, dann erscheint auf der rechten Wange ein Grübchen.

Sie spricht auf Tigrinya mit mir. Ich trinke ihre Worte, ohne etwas zu verstehen, verhext wie eine Schlange vor einer Pungi-Flöte. Sie muss über mich lachen. Wie hätte ich nicht in der ersten Sekunde auf ihre Schönheit abfahren sollen?

»Oh, Herrou, du bist verliebt!«, kichert Lucile.

»Ruf in Marseille an, wir bringen sie heute Nachmittag hin.«

Feministinnen in Marseille übernehmen manchmal geflüchtete Frauen und Mädchen von uns. Ursprünglich hatten wir in der kommenden Woche hinfahren wollen. Unfähig, den Blick der Eritreerin zu verkraften, verlege ich die Fahrt vor.

»Also bist du verliebt«, neckt mich Lucile.

»Ich hatte nicht gewusst, dass sie so … umwerfend ist.«

»Sie ist nicht die erste ›Umwerfende‹, die hier durchkommt.«

»Aber sie ist die erste, die mir das Hirn verdreht.«

Der Empfang in Marseille ist nicht gerade herzlich, die indiskreten Fragen bringen die Mädchen in Verlegenheit. Ich finde diese feministische Gruppe unerträglich, sie lehnt jede Einbeziehung von Männern ab, ein zur Karikatur übersteigerter Sexismus, der uns alle in einen Topf wirft und mir zuwider ist. An ihrer Tür steht »Für Männer verboten«, wie andere draufschreiben »Für Hunde und Italiener verboten«. Ich habe kein Problem damit, dass Unterdrückte unter sich bleiben wollen, aber so wird es extremistisch und stigmatisierend. Der

Kampf gegen die Unterdrückung wird zum Vorwand, sie sind intolerant. Wir werden sie nicht mehr anrufen.

»Wie schaffst du es, einen derart unbefangenen Kontakt zu ihnen zu finden?«, fragt mich eine der Feministinnen, als sie mich rausbringt. »Mit dir scheinen sie sich wohlzufühlen, obwohl du ein Kerl bist. Sie sollten zu uns mehr Vertrauen haben.«

»Weil ich sie nicht nur als Frauen betrachte.«

Unmögliche Gleichheit

Ich brauchte ein paar Tage, um die Schöne zu vergessen. Aber ich musste solche Situationen meiden. Ich habe es immer abgelehnt, Gefühlsbeziehungen zu meinen Gästen aufzunehmen. Sie schenken mir Vertrauen, weil unsere Beziehung klar ist, ohne Hintergedanken oder Verführungswünsche. Wäre ich dieser Frau unter anderen Umständen begegnet, hätte ich sie wohl zu verführen versucht. Aber wenn ich meinen Status als »Wohltäter« oder »Hausherr« ausnutzte, missbrauchte ich ihre Schwäche. Wie sollte irgendeine Gleichheit zwischen uns vorstellbar sein? Sie war auf mich angewiesen.

Manche Aktivisten dekretieren Gleichheit zwischen sich und den Migranten, aber hinter ihrem vorgefertigten Antirassismus verbirgt sich, vielleicht unbewusst, ein Gefühl der Überlegenheit. Unsere dominierende Stellung als »Helfer« und ihre Stellung als »papierlose Ausländer«, die weder die gesellschaftlichen Codes noch die Gesetze oder ihre Rechte und Pflichten kennen, schafft unvermeidlich Ungleichheit. Ob als Opfer oder Unterstützte, sie bleiben abhängig von barmherzigen Seelen.

Missbrauch durch Freiwillige

Einige Freiwillige haben hier ihre dominante Stellung missbraucht. Wie die drei Italienerinnen, die eines Tages unangemeldet hier auftauchten, mit der festen Absicht, die Nacht mit gut aussehenden jungen Flüchtlingen zu verbringen. Am nächsten Morgen verschwanden sie wieder und ließen ihre »Liebsten« in dem Quechua-Zelt zurück, ohne einen Gedanken an diese Jungs zu verschwenden, die, bis über die Ohren verliebt in die Mädchen, die sie nie wiedersehen würden, aus dem siebten Himmel stürzten.

Diese Freiwilligen fanden es normal, im Namen ihrer Gleichheit mit Männern ihrem Begehren zu folgen und sexuelle Beziehungen einzugehen. Als rächten sie sich für die Frustration über die Ungleichheit der Geschlechter. Sie missbrauchten schwächere Männer, ohne es sich einzugestehen. Es geht mir nicht darum, Liebe zu verbieten, zumal die Liebe sich nicht darum schert. Doch man muss auf die Verletzlichkeit dieser kaum in Europa angekommenen Personen, auf ihre Traumatisierung und ihre extreme Einsamkeit Rücksicht nehmen und die eigenen Wünsche hintanstellen.

32. Asyl, hast du es geschafft?

Im April 2017 errangen wir einen großen Sieg. Kraft eines informellen Protokolls, das wir mit den Gendarmen ausgehandelt hatten, konnten von jetzt an die Geflüchteten bei mir Asylanträge stellen. Die Gendarmeriekommandantin in Menton, Céline Maumy, erklärte mir das Verfahren. Es genügte, eine Mail mit den Namen der Antragsteller an Major Mario Boughareb von der Brigade in Breil zu schicken, damit sie ohne das Risiko, festgenommen zu werden, das Empfangszentrum für Asylsuchende (PADA)* in Nizza aufsuchen konnten. Dort erhielten sie einen Termin auf der Präfektur für die offizielle Registrierung ihres Gesuchs und die Zuteilung der ihnen zustehenden Mittel.

Wir hatten die Schlacht ums Asyl gewonnen. Wir waren zu Administrativorganen avanciert, die für das Versagen der staatlichen Verwaltung einsprangen. Ich hätte nicht gedacht, dass ich mit meinem Lehrabschluss als Automechaniker einst die Verfügungsgewalt eines Präfekten erhalten könnte. Das

---

* Plateforme d'accueil des demandeurs d'asile: von der gemeinnützigen Organisation Forum réfugiés-Cosi, einem Zusammenschluss von verschiedenen großen Hilfsorganisationen, geschaffene Einrichtung. Die Anlaufstellen in vielen französischen Städten beraten Flüchtlinge, wo sie einen Asylantrag stellen können, welche Ansprüche sie haben, und begleiten sie während des Verfahrens juristisch und psychologisch. (A. d. Ü.)

Royatal wurde eine Art selbstverwaltetes und selbst finanziertes Empfangszentrum, die sparsamste Unterpräfektur Frankreichs. Eine absurde Situation: Polizisten und Gendarmen machten weiter Jagd auf Migranten, die, wenn sie bei mir angekommen waren, wieder Rechte hatten. Das war eine Ohrfeige für den Präfekten Leclerc. Doch seine beharrliche Weigerung, überhaupt Flüchtlinge, die über die Grenze kamen, aufzunehmen, hatte ja erst zu dieser Situation geführt. Das verzieh er mir nie.

Der Auslöser

Wie gelangte man von uns aus zu der Möglichkeit, Asyl zu beantragen? Anfangs erschien die Frage absurd, weil man das überall in Frankreich tun kann, zumindest in der Theorie. In der Praxis war es im Royatal unmöglich. Die Exilierten, die sich nach Nizza begaben, wurden systematisch an den Checkpoints angehalten und nach Italien zurückgeschoben. Unsere heimliche Aktion stieß an ihre Grenzen; nur die Antragsteller konnten das Verfahren in Gang bringen, das ihnen zu einem legalen Status verhalf. Also dachten wir uns eine kühne, ja tollkühne Strategie aus, einen Crashtest, an dessen Gelingen wir, ehrlich gesagt, anfangs selbst nicht glaubten.

Wir fanden »Freiwillige«, eine eritreische Familie, die bei Elisabetta und Simon Zuflucht gefunden hatten, einem Ehepaar in Saorge. Nurah, Besay und Michel, ihr vierjähriger Sohn, waren siebzehn Monate unterwegs gewesen, bevor sie im Februar 2017 Frankreich erreichten. Sie waren durch Äthiopien, den Sudan, Libyen gekommen und schließlich übers Mittelmeer gefahren. Von Sizilien waren sie nach Ventimiglia und dann ins Royatal gelangt. Nun erschienen sie, begleitet von Roya-citoyenne-Mitgliedern, zwei Anwälten und Medienvertretern, vor dem Gendarmerieposten in Breil. Nurah sprach die schicksalhaften Worte: »Ich beantrage Asyl.«

Wie vermutet, verweigerten die Gendarmen ihnen daraufhin den Zutritt. Zur Grenzpolizei in Menton überstellt, wurde die Familie nach Italien zurückgeschoben, mit der sibyllinischen Begründung, in dem »Zwanzigkilometerstreifen« an der Grenze könne jeder Ausländer mit »irregulärem Status« zurückgeschoben werden, ohne Rücksicht auf sein Asylgesuch.

Von da an hatten wir handfeste Beweise, um den Präfekten vor dem Verwaltungsgericht in Nizza anzuklagen, gestützt auf einen Artikel des Gesetzes zu Einreise und Aufenthalt von Ausländern und zum Asylrecht (CESEDA)*, die zu meiner Bettlektüre geworden war. Artikel R741-2 besagt: »Wenn der Ausländer sein Gesuch bei einem Polizei- oder Gendarmerieposten oder einer Strafvollzugsbehörde stellt, wird die Person an die zuständige Behörde verwiesen.« Ganz einfach.

Sieg vor dem Verwaltungsgericht

Am 31. März 2017 fing sich der Präfekt eine Schlappe ein. »Durch die Weigerung, den Betroffenen die Unterlagen auszuhändigen, die ihnen die Registrierung ihres Asylgesuchs ermöglichten, während sie sich auf französischem Territorium befanden und Kontakt zu Polizei- und Gendarmeriedienststellen hergestellt hatten, um sie zu erhalten, hat der Präfekt des Departements Alpes Maritimes eine schwere und offensichtlich unrechtmäßige Verletzung des Asylrechts begangen«, schrieb der Richter.

Eine schwere und »offensichtlich unrechtmäßige« Verletzung – nie hat mich ein Satz mit derartiger Wonne erfüllt. Zum

---

* Code de l'entrée et du séjour des étrangers et du droit d'asile ersten Mal wurde der Staat verurteilt. Wer waren in Zukunft die Delinquenten?

Der Richter prangerte einen weiteren Rechtsverstoß des Staatsbeamten an. »Aus keiner der Akten geht hervor, dass der Präfekt des Departements Alpes Maritimes nach Abnahme der Fingerabdrücke der Betroffenen und der Überprüfung, ob diese in der Eurodac-Datei vorhanden seien, ein Verfahren zur Rückübernahme in Italien eingeleitet hat, wie er es hätte tun müssen, wenn er glaubte, dass Italien für die Prüfung ihres Asylgesuchs verantwortlich sei.«

Die Behörden wurden bei ihrem bösen Spiel erwsicht. Mit ihren prinzipiellen Zurückweisungen hatten sie sich in die Illegalität manövriert. Die Präfektur, die sich von vornherein geschlagen wusste, hatte denn auch niemanden zur Verhandlung geschickt.

»Wir haben Sie nur angerufen, weil es eine Häufung von Einreiseverweigerungen gegeben hat und Sie hier der einzige Garant der Grundrechte sind«, hatte unsere Anwältin Mireille Damiano zu Beginn erklärt, um den exemplarischen Charakter des Falles hervorzuheben.

»Was hindert Sie daran, zur Präfektur zu gehen?«, fragte der Richter.

»Das Tal ist abgeriegelt. Man kommt nicht heraus, ohne durch Italien oder die Grenzkontrollstellen, den Bahnhof von Breil oder die Straßensperren bei Sospel zu fahren. Das heißt genau dort entlang, wo die Polizei und die Gendarmerie die Asylsuchenden zurückweisen und diejenigen festnehmen, die ihnen helfen.«

Der Richter gab dem Präfekten »angesichts der Verletzlichkeit der Antragsteller« drei Werktage, um ihr Gesuch zu registrieren. Das hieß, die Familie konnte sich zur Präfektur des Departements begeben, aber damit war noch nichts gewonnen.

Ich übermittelte die Anordnung an die Gendarmerie und rief mir die Worte der Kommandantin Maumy ins Gedächtnis: »Die Checkpoints kosten den Staat Millionen, aber Sie werden nie erreichen, dass sie abgeschafft werden.«

Eine kleine Zugfahrt

Die Familie kam nach ihrer Ausweisung unbehelligt im Zug zu mir zurück. Sie kam in der armseligen Hütte unter, die Morgan mit seiner Lebensgefährtin Suzie gebaut hatte, mit Pinienholzbalken aus dem angrenzenden Wald und Paletten als Fußboden. Ein Plastikplanschbecken für Kinder diente als Dach.

»He, Michel, schon auf?«

Sobald der Morgen dämmerte, hatte sich der Kleine zu mir in den Hühnerhof gestohlen. Seine Eltern schliefen noch. Ich reichte ihm ein noch ganz warmes Ei, während ich Stroh auf den Boden schüttete. Lächelnd, verlegen beobachtete er mich. Er war ein Junge wie alle anderen, glücklich, die einfachsten Freuden zu erleben. Eine Henne, die ein Ei legt, ein Mann ohne Käppi, der nicht brüllt und eher Hennen zusammenpfercht als seinesgleichen. Es kam mir so vor, als würde er, des Herumirrens und der Gefahr müde, am liebsten Schluss machen mit dieser verdammten Migration. Ich hätte ihn auch gern bei mir behalten. Aber die Familie musste sich wieder auf den Weg machen.

Am Tag unserer Fahrt zur Präfektur waren die Eltern gestresst, der Kleine etwas weniger. Im Bahnhof Sospel sahen die Gendarmen die drei Schwarzen und stürzten sich auf sie wie gehabt. Sie überflogen die Anordnung, ohne sie wirklich zu verstehen, und baten uns, auszusteigen. Da wir uns weigerten, blieb der Zug über eine Stunde lang im Bahnhof stehen.

»Der geht uns langsam auf die Nerven mit seinen Migranten«, fluchten einige Reisende.

»Im Allgemeinen stehe ich auf Ihrer Seite, aber jetzt blockieren Sie einen ganzen Zug wegen drei Migranten!«, schimpfte eine Dame.

»Nicht wegen drei Migranten, sondern wegen drei Gendarmen«, erwiderte ich. Es ist immer einfacher, gegen Schwächere loszuziehen als gegen Stärkere, selbst wenn man so die Schwächeren zu den Schuldigen macht, obwohl sie die Opfer sind.

Telefonisch riet uns Mireille Damiano, zu gehorchen.

Ein Gendarm entschuldigte sich für die Verspätung beim Lokführer, der antwortete: »Kein Problem, ich versteh schon.«

Da platzte mir der Kragen: »Ach ja? Was hast du verstanden? Dass es ›normal‹ war, einen Zug eine Stunde lang zu blockieren, um drei Unschuldige aufs Kommissariat zu bringen und ihnen zu Unrecht ihre Rechte vorzuenthalten? Das musst du mir erklären, denn wir haben's nicht verstanden!« Ich war außer mir. Wie ist es zu rechtfertigen, angesichts jedes Machtmissbrauchs, jeder Uniform Bückling um Bückling zu machen? Diese Leute erinnern mich an die, die gegen Streikende protestieren und seufzen: »Sie nehmen uns als Geiseln!« Aber wer nimmt hier wen als Geisel? Die Streikenden oder die Politiker, die uns um unsere Rechte bringen?

»No good!«

Die Familie wurde zum Grenzpolizeiposten in Menton gebracht, der sich den Tatsachen beugen musste. Sie erhielt einen Termin für den nächsten Tag in der Präfektur, um ihre Asylgesuche registrieren zu lassen. Ein weiterer Sieg.

Vor der Präfektur erwarteten uns ein CRS-Kordon und ein hoher Beamter. Sie waren verblüfft. »Monsieur Herrou, Sie sind ganz allein? Die Aktivisten, die Freunde?«

Sie hatten die Dienststellen geschlossen, überzeugt, wir

kämen massenhaft. Der hohe Beamte wünschte dennoch die Räumlichkeiten zu zeigen. Er war verlegen, und schnell erhielt die Besichtigung eine gewisse Komik. Allein in diesem riesigen Gebäude, von schwer bewaffneten CRSlern eskortiert, fühlte ich mich wie ein Tourist im Bürokratiemuseum, der einem Führer lauschte, der in einer fremden Sprache redete. Was für ein Zirkus! Trotz seiner exzessiven Höflichkeit, die nicht unangenehm war, erklärte ich ihm freundlich, dass nicht ich Asyl beantragte, sondern diese Familie, die er bisher keines Blickes und Wortes gewürdigt hatte. Stotternd lud er die Eltern ein, ihm in sein Büro zu folgen.

Ich nahm den Kleinen auf eine Runde mit nach draußen. Mit ernstem Blick deutete er auf die CRSler: »No good, no good!« Er verabscheute schon die Polizei, die ihn misshandelt und eingesperrt hatte. Dasselbe äußerte er aber auch vor Zia, meinem Anwalt, der Anzug und Krawatte trug: »No good, no good!«

Die CRSler im Hof der Präfektur reagierten entwaffnet auf diesen Jungen. Mit seinem winzigen gegen sie ausgestreckten Finger war er durch ihren Robocop-Panzer gedrungen. Ich ging zu ihnen, den Kleinen auf dem Arm. »Aber nein, sie sind nett.« Er blieb dabei. »No good, no good!« Wird die Zeit seinen Zorn zerstreuen? Ich hoffte es. Michel begriff, dass wir uns nie wiedersehen würden.

33. Der gesetzlose Präfekt

So ging der Präfekt von Niederlage zu Niederlage. Die deutlichste erlitt er am 23. Februar 2018. Ein Kollektiv verschiedener Bürgerinitiativen hatte an einem Wochenende 97 Festnahmen im Zug aus Ventimiglia gezählt und ebenso viele Abschiebungen. Das alles innerhalb von 24 Stunden. Der Richter vom Verwaltungsgericht sanktionierte neunzehn dieser Einreiseverweigerungen, weil sie Minderjährige betrafen. Eine »offenkundige Unrechtmäßigkeit«, die sie »schwer geschädigt« habe.

Der Staat wurde ein weiteres Mal auf frischer Tat ertappt. Der Präfekt Georges-François Leclerc, der diesmal vor Gericht erschienen war, um sich zu verteidigen, behauptete, er habe »als guter Familienvater« gehandelt, was niemanden überzeugte. Seine Niederlagen schienen ihn kaum zu berühren. Er verstand seine Verurteilungen lediglich als »vorsorgliche Maßnahmen«, wie er es nannte, als wären es nur kleine Stolpersteine, unvermeidliche Missgeschicke.

Der Präfekt ging nicht in Berufung, um seine Niederlage anzufechten. Allerdings dachte er gar nicht daran, »ein gesetzeskonformes Verfahren einzuführen«, wie Mireille Damiano forderte. Er hatte sich trotz der vorangegangenen Entscheidungen vom 31. März und 4. September 2017 gegen ihn keinen Millimeter bewegt und reagierte auf den »Migrantenstrom« an der Grenze weiterhin auf seine Art, indem er das Recht mit Füßen trat. Das Risiko für ihn blieb minimal. Die alltäglichen Gesetzesbrüche zu beweisen erforderte eine massive Mobilisierung der Bürgerinitiativen. Die meisten seiner Gesetzesverstöße blieben straflos.

Das Recht ist mit uns

Der Präfekt behauptete, seine Dienststellen unterzögen jeden Fall einer »individuellen und gründlichen« Prüfung. Bei Ousman, einem siebzehnjährigen Sudanesen, wurde diese »individuelle und gründliche« Prüfung in fünf Minuten absolviert – so viel Zeit verging zwischen seiner Festnahme und der Einreiseverweigerung. Das »formelle und aufmerksame« Verfahren bei der Rückführung der Minderjährigen an die italienischen Behörden, dessen der Repräsentant des Staates sich rühmte, existierte ebenso wenig. Ousman sei in einer »rechtlich und materiell äußerst prekären Lage sich selbst überlassen« worden, urteilte das Gericht.

Das war das Gegenteil von dem, was der Präfekt behauptete, der, nach einer vorangegangenen Verurteilung am 22. Januar 2018 in einem besonders schockierenden Fall – der rechtswidrigen Abschiebung eines zwölfjährigen Kindes –, angeblich seine Dienststellen angewiesen hatte, »besonders darauf zu achten«, wenn »objektiv minderjährige« Personen eine »objektive Verletzlichkeit« oder »Notlage« zeigten. Offenbar blieben seine Anweisungen ungehört.

Bei der Urteilsverkündung erinnerte der Richter einfach an das Gesetz: Jeder Minderjährige hat das Recht auf die Frist von einem Tag, bevor er »entfernt« wird. Innerhalb dieser Frist muss der Staatsanwalt ad hoc einen Treuhänder bestimmen und die Person über ihre Rechte nach dem Asylrecht informieren. Der Staat hatte seine Verpflichtungen versäumt, indem er

diese Jugendlichen unterschiedslos schnellstmöglich zurück-
schickte.

Um den Richter zu überzeugen, verwies Georges-François
Leclerc auf die widersprüchlichen Anordnungen im äußerst
komplexen Ausländerrecht. Er machte geltend, dass der Bahnhof Menton-Garavan keine Schengen-Außengrenze, sondern
seit der Schließung der französisch-italienischen Grenze 2015
nur ein Grenzposten sei. Das entbinde ihn davon, die Regeln
einzuhalten, die für die »Wartezonen« gelten.

Neue Rüge des Richters: Der Präfekt war im Unrecht. Das
galt auch für seine Erklärung, es liege keinerlei Beweis für die
Minderjährigkeit der Asylsuchenden vor. Doch dem Gesetz zufolge müsse man ihre Volljährigkeit beweisen, und wenn ein
Beweis fehle, spreche der Zweifel für den Antragsteller. Außerdem habe die Behörde sie im Zug zurückbefördert, was sie gewöhnlich mit Minderjährigen tat. War das nicht eine stillschweigende Anerkennung ihrer Minderjährigkeit?

Der Richter bestärkte uns in unseren Aktionen, aber die
Siege blieben oft Papier, ohne konkrete Auswirkungen für die
Ausländer. Wie sollte man die unrechtmäßig ausgewiesenen
Personen wiederfinden? Sie wechselten ständig ihren Aufent-
haltsort.

34. Campingplatz Unterpräfektur

Juni 2017. Unser kleiner internationaler Campingplatz, der CCH, war zu einer vollwertigen, auf Asylanträge spezialisierten Unterpräfektur geworden. Hier gab es keinen Ordnungsdienst, keine Security, weder Schreibtische noch Stühle und keine Suppenküche am anderen Ende der Stadt. Umgeben von Wald, Gänsen, Hühnern, Hunden und Katzen schlief man, aß man, kurierte sich aus, studierte seine Rechte. Um an ein Zelt zu kommen, musste man nicht den sozialen Notdienst anrufen; es genügte, Kamal zu fragen, den Ansprechpartner für die Unterbringung. Um alle mit einer Mahlzeit zu versorgen, musste man nicht den katholischen Hilfsdienst herbitten; man brauchte nur mit Chefkoch Youssef zu sprechen. Wer einen Übersetzer benötigte, wandte sich an Babakar, der perfekt Französisch und Arabisch sprach.

Hier gab es keine unnötigen Umwege, keine Unhöflichkeit, keinen Zoff; man respektierte den Ort, der gegen die Ungerechtigkeit kämpfte. Wir waren kein »humanitäres« Camp, sondern ein Ort politischen Widerstands. Hatten sich früher in Ventimiglia festsitzende Eritreer, Sudanesen, Somalier oder Tschader zum illegalen Grenzübertritt entschlossen, um nach Paris, Lille oder Marseille zu kommen, so kamen sie heute zu uns, in der Gewissheit, ihre Rechte geltend machen zu können, und froh darüber, keine illegalen Wege mehr gehen zu müssen.

Wir nannten sie *shebabs*, was auf Arabisch »Jugend« heißt. Wenn sie mitten in der Nacht aufkreuzten, spielte Tschen ihre Rolle als Pyrenäenhütehund und bellte. Wir nahmen sie in Empfang, nur manchmal stand wegen der angestauten Müdigkeit keiner von uns auf. Dann entdeckten wir sie frühmorgens schlafend auf dem nackten Boden oder auf den Bänken in der Gemeinschaftsküche. Nachts auf der Terrasse beobachteten wir die Lichtstrahlen, die da und dort in den Bergen die Finsternis durchzogen. Das waren keine *shebabs*, die sich auch in schwärzester Nacht zurechtfanden, sondern Gendarmen oder Soldaten der Operation Sentinelle, die das Gebirge durchkämmten. Schwerbewaffnete in Tarnanzügen jagten da Schutzlose in Sandalen. Wenn sie auf unserer Insel des Friedens anlangten, genossen wir die Ironie der Situation. Sie waren trotz des Ausnahmezustands vor der Nase von Armee, Grenzpolizei und Gendarmerie durchgekommen, die sich allesamt lächerlich gemacht hatten.

Die Rolle der Frauen

Ein Team war entstanden, wie eine kleine Patchworkfamilie, die Brüder Kamal und Mohamed aus dem Sudan, Abdelkarim aus dem Niger, Babakar aus dem Tschad, Youssef aus Sierra Leone, Mustafa, der Senior, der *chibani* der Gruppe. Sie waren hiergeblieben, um die Aufnahme zu organisieren, während die große Mehrheit unserer Gäste nach ein paar Tagen weiterzog.

Um die Hiergebliebenen kümmerte sich Kamal, erfasste die Namen und Geburtsdaten, erklärte, wie man Asyl beantragte und wie das mit dem Empfangszentrum für Asylsuchende funktionierte. Der Lebenskünstler Ilyas sorgte dafür, dass immer gute Stimmung herrschte. Babakar, der Philosoph der

Gruppe, schlichtete Streitigkeiten mit Weisheit und übersetzte wichtige Informationen. Youssef und Mohamed kochten für 250 hungrige Mägen, die Kochtöpfe brodelten von sieben Uhr morgens bis Mitternacht. Die Jugendlichen, die bei uns landeten, hatten oft seit drei Tagen nichts gegessen. Sie schlangen das Essen nur so hinunter.

Lucile hatte das Camp im März verlassen, nach einem Polizeigewahrsam, der sie völlig demoralisiert hatte. Das war für mich ein sehr harter Schlag. Ich fragte mich, wie ich dieses Abenteuer ohne meine Komplizin fortsetzen sollte. Sie hatte acht Monate lang meinen Alltag geteilt, aber mir war, als kennte ich sie schon seit Jahren. Nach knapp vier Wochen löste Marion sie ab. Sie hatte ihr Studium der Betriebswirtschaft unterbrochen, um auf einer Tour durch Europa Organisationen zu besuchen, die Exilierte unterstützten. Sie verabscheute ihr Studium und träumte von einem kommunitären Leben, das Mensch und Erde respektierte. Wir verliebten uns in unsere Verschiedenartigkeit und bauten von dem Tag an gemeinsam den CCH auf. Dann bekam das Team weiteren Zuwachs: Léa, eine junge Frau aus Nizza, kam mit ihrem Freund Rémi, um zu helfen; Willy, ein Pariser auf der Suche nach Alternativen; der Krankenpfleger Antoine. Sie begleiteten die Geflüchteten, kümmerten sich um Papiere, um das Gemeinschaftsleben. Mathilde gab Schreib- und Zeichenworkshops, in denen sie Hunderte Erzählungen, symbolische Skizzen und Bekenntnisse erhielt – bewegende Spuren.

Die Freiwilligen waren überwiegend Frauen, oft sehr jung und mutig, die meist am Ende der Schulzeit waren und für zwei bis sechs Monate oder auch länger mithalfen. Die Frauen, in der Regel ausdauernder in dem, was sie taten, hatten keine Angst, ihre Komfortzone zu verlassen, auch nicht, sich über den bestehenden Rahmen hinwegzusetzen.

Manche Kerle hingegen brachten nur deshalb zwei oder drei Mal Geflüchtete über die Grenze, weil sie den Nervenkitzel suchten.

Ich war nicht mehr allein. Mit der Erschöpfung und Anspannung dieser letzten Monate in den Knochen hätte ich es nicht viel länger geschafft, Essensvorräte zu verteilen, Hunderte von Decken zu waschen, Wunden zu versorgen, Asylsuchende in einem Dreiviertelstunden-Fußmarsch zum Bahnhof in Breil zu bringen. Freiwillige aus ganz Frankreich, ja Europa brachten Nahrungsmittel und Kleidung oder schickten Spenden. Helfer fanden entweder gleich ihren Platz oder zogen wieder ab. Es war anstrengend, mit so vielen Leuten zu tun zu haben, und zugleich bewegend zu sehen, wie Synergien zwischen professionellen Hilfswerken und Bürgerinitiativen und Vereinen entstanden. Ich ließ jeden tun, was er für richtig hielt, da ich fast immer für Selbstbestimmung und eigenverantwortliches Handeln bin.

Roya Citoyenne

Die Mitglieder von Roya Citoyenne waren größtenteils Freunde, mit denen ich mich einzeln gut verstand. Doch zu mehreren waren diese starken Charaktere schwer auszuhalten, wie so oft in Vereinen. Sie kämpften seit Jahrzehnten für zweifellos gute Dinge – den Erhalt des Bahnverkehrs oder des Postamts im Tal, für den Umweltschutz. Aber einige suchten in erster Linie Anerkennung. Und in den hitzigen Diskussionen und Hahnenkämpfen gab jeder zu allem seinen Senf dazu.

Meine einsamen, intuitiven Entscheidungen ärgerten sie, doch in Notfällen waren sie unvermeidlich. Ihre Sitzungsmanie ging mir auf die Nerven. In Nizza dauerte die Sitzung eines Kollektivs einmal sechs Stunden lang. Alle krakeelten herum und beschimpften sich, und am Schluss hieß es: »Ok. Bis nächste Woche?«

»Nein, wer macht denn jetzt was?«, wunderte ich mich in der Hoffnung auf konkrete Aktionen.

»Oh, darüber müssen wir doch erst noch mal intern reden.«

Nichts ging voran. René Dahon fand mich zu streng. »Du kritisierst die Bürgerinitiativen, aber schau, die CAFFIM ist bereit, ein Gebäude im Tal zu kaufen, damit du die Leute nicht bei dir unterbringen musst.«

Die CAFFIM* ist eine Gruppe, die 2016 von den Organisationen Amnesty International, La Cimade, ADDE, Médecins du Monde, Médecins Sans Frontières, Secours catholique und Anafé geschaffen wurde, um die in der Grenzregion aktiven Kräfte zu koordinieren und so zu strukturieren, dass ihre Aktionen und Appelle größere Schlagkraft erhielten.

Äußerst skeptisch fragte ich René: »Wie viele Nullen sind auf dem Scheck?«

»Jetzt gehst du zu weit!«

»Was wollen wir? Einen gleichwertigen Ersatz für Les Lucioles, also mehrere Millionen Euro, oder Quechua-Zelte?«

Später rief er mich zurück: »Du hast recht, null.«

Doktor XY

Auch zu den Medizinern waren die Beziehungen chaotisch. Foufouman, einer unserer Gäste, hatte schon seit langem ein Loch im Kopf und litt unter Schwindelanfällen. Als ich ihn ins Krankenhaus in Breil brachte, fiel den Ärzten dort nichts Besseres ein, als die Gendarmen zu rufen, statt ihn zu behandeln.

---

* Koordination der Migrantenhilfsorganisationen an der französisch-italienischen Grenze (A.d.Ü.)

Er wurde vorläufig festgenommen und nach Italien zurückgeschickt. Ich ließ auf Facebook Dampf ab: »Hier kein Recht rauszugehen, auch kein Recht, zum Arzt zu gehen, sonst wirst du mit der Rückführung nach Italien bestraft, nicht wahr, Dr. XY, Arzt aus XY?«

Nur Doktor Bernard Dumontet, praktischer Arzt in Breil, machte Hausbesuche bei uns. Krankenschwestern kümmerten sich ehrenamtlich um die Exilierten. Philippe de Botton von Médecins du Monde nahm sie in das Netzwerk seiner NGO auf. Aber es war unmöglich, einen Schritt weiterzugehen und einen Ort für die Behandlungen zu schaffen. Der Bürgermeister von Breil hatte zwar angeboten, einen Ort für die dringendsten Fälle zur Verfügung zu stellen, aber die Präfektur hatte sofort gedroht: »Wenn Sie das tun, bringen wir Sie vors Verwaltungsgericht.« Und der Bürgermeister kriegte kalte Füße.

35. Die zwei Cédric

Im Lauf der Monate hatte Cédric Herrou sich gespalten. Es gab den echten Cédric und die Medienfigur »Cédric Herrou«. Von dieser sprachen wir auf dem Hof in der dritten Person. Dieses von allen verwendete Kampfinstrument hatte sich verselbständigt. Der Briefkasten füllte sich mit Unterstützerbriefen, Beschimpfungen oder Todesdrohungen wie dem Foto eines maskierten, mit einer Automatikpistole bewaffneten Mannes mit der unmissverständlichen Botschaft: »In neun Tagen knallen wir dich ab.«

In der Stadt blieb ich nie länger als zehn Minuten am selben Ort. Das Bild von diesem Kerl verfolgte mich, und ich stellte mir vor, wie er mir eine Kugel in mein kleines Hirn schoss. In Bars setzte ich mich mit dem Rücken zur Wand, die Tür im Blick, und musterte jeden Gast genau: potenzieller Unterstützer oder Gegner? In der einen Tasche ein griffbereites Messer, in der anderen eine zum Danken bereite Hand. Frauen misstraute ich seltsamerweise nicht, weil ich sie für weniger gewalttätig hielt – sicher aus Sexismus.

Meine Geschichte verkauft sich

Bei den ersten Interviews war ich wahnsinnig nervös, vor allem, wenn ich live im Fernsehen war. Ich fühlte mich überfordert.

Ich war verlegen. Das war nicht meine Welt. Wahrscheinlich sollte ich mir ein gewisses Vokabular zulegen und gewandter auftreten, so wie meine Widersacher? Aber wollte ich das wirklich? Ich kam schnell wieder zur Besinnung und sagte mir: Wer hört denn tatsächlich zu, wenn du was sagst? Mach dich nicht verrückt, sei du selbst. Die Medien machen die Welt, und die meisten Leute, die ihnen zuhören, sind wie du. Sie sind unsichtbar, treten nicht in Radio und Fernsehen auf und leben wie ich, bescheiden, jeder auf seine Art. Sie brauchen Sprachrohre, die sind wie sie. Und das war ich.

Meine Geschichte verkaufte sich gut – der kleine Hühnerzüchter im Duell mit der Dampfwalze von Staat und Justiz, David gegen Goliath, ein Klischee. Ich war ein Produkt geworden, eine Prostituierte, die sich mit Leib und Seele verkauft. Die Medien lieben Sensationen, Verhaftungen, vorläufige Festnahmen, Gerichtsprozesse. Ich war eine Figur in den Fantasien meiner »Gegner«, für die der Hass gegen Ausländer ein Geschäft ist. Sie sahen in mir einen »Immigrationisten«, der Straftäter produzierte und Terroristen unterstützte, einen glühenden Anhänger des »großen Austauschs«, einer abstrusen Theorie, derzufolge skandalöserweise die »historischen« Bevölkerungen Europas (weiß und christlich natürlich) gegenwärtig von Invasoren aus Afrika (schwarz und muslimisch natürlich) verdrängt wurden.

Medienrummel oder Information?

Der Staatsanwalt, der Präfekt, Éric Ciotti und andere kritisierten meine Zusammenarbeit mit den Medien. Das war verwirrend und komisch, da man wusste, wozu sie selbst diesbezüglich imstande waren. Aber nein, pardon, sie »informieren« ja. Dieses Duell über die Bildschirme war eine Art Klassenkampf von oben. Wie kam ein Bauer dazu, sich in die Politik einzumischen und staatliche Maßnahmen anzuprangern? Das warf man mir oft vor, sogar direkt und brutal ins Gesicht: »Bleib auf deinem Platz und halt die Klappe!«

Auch auf unserer Seite sorgte die Mediatisierung für Spannungen. Lokale Vereine argwöhnten, dass ich mich in den Vordergrund drängte, denn ich lehnte selten Interviewanfragen ab. Auch die No Borders beschimpften mich: »Du hättest die Klappe halten sollen! Hättest du nichts gesagt, wären jetzt nicht all diese Bullen im Royatal, und wir könnten die Leute in aller Stille über die Grenze bringen.«

Ich hielt ihnen immer wieder entgegen, die Journalisten brauchten Themen, sie brächten sie mit oder ohne uns. Wenn wir ablehnten, redeten sie mit den anderen. Wenn wir ihnen die Tür öffneten, gäben sie, wenn auch vielleicht verkürzt, unseren Standpunkt wieder. Hätten wir ohne die Medien erreicht, dass im Royatal Asyl beantragt werden kann? Hätten wir es geschafft, 2500 Personen zu beherbergen, und vor Gericht all diese Siege errungen? Vielleicht machte es den No Borders Spaß, Leute in ihrem Auto zu verstecken, aber ich hatte die Nase voll, sagen zu müssen: »Versteck dich unter der Decke, weil du schwarz bist!«

Doch die Medienfigur Cédric Herrou bekam langsam Probleme. Man verlangte von ihr, dass sie zu allem eine Meinung hatte. Man erwartete Pointen, Thesen, Gewissheiten, vielleicht eine Ideologie. Doch ich war voller Zweifel.

Über die sozialen Netzwerke schrieben mir Jugendliche aus Afrika, sie wollten sich auf den Weg nach Europa machen und mich treffen. Ich versuchte, sie davon abzubringen. Dieser Weg sei eine Einbahnstraße, es gebe kein Zurück. Wie viele sitzen in Libyen fest, sterben in der Wüste, ertrinken im Mittelmeer! Mich quälte die Frage, ob ich den Traum von Europa nährte. Nicht indem ich für Klamotten oder dicke Schlitten warb, sondern indem ich für das Ideal von Gerechtigkeit und Solidarität eintrat.

Für das Problem der Migration ist weltweit noch keine Antwort gefunden. Mit welcher Art von Hilfe kann man den Menschen ermöglichen, in ihren Ländern zu bleiben? Sollte man sie ungehindert von einem Kontinent zum anderen reisen lassen? Ich bin überzeugt, dass Frankreich und Europa mitverantwortlich sind für die Verarmung des afrikanischen Kontinents. Migration ist das Ergebnis unserer kapitalistischen Politik, die die Ungleichheiten verschärft und die Idee einer gerechten Verteilung der globalen Reichtümer im Keim erstickt. Es kann keine Lösung für das Migrationsproblem geben, solange wir unser Wirtschaftssystem nicht ändern. Aber ich fürchte, nur eine winzige Minderheit von uns ist bereit, einen fairen Preis für importierte Waren zu bezahlen, damit die Arbeiter, die sie herstellen, angemessen entlohnt werden.

Ich kann lediglich dringend empfehlen, im staatlichen Umgang mit der Zuwanderung Anstand zu beweisen, das heißt, die Exilierten als unseresgleichen zu betrachten und menschlich zu behandeln. Meiner Meinung nach hat auch jede obdachlose Person ein Recht darauf, in leer stehenden Gebäuden des Staates oder der Gemeinden zu wohnen. Wir müssen uns an die Genfer Konvention halten, nach der Geflüchtete aufgenommen werden müssen, und politisch motivierten und staatlich betriebenen Rassismus verbieten, damit Migranten nicht für wahltaktische Zwecke missbraucht werden können.

Die Medien könnten intelligente gemeinsame Überlegungen anstoßen, aber sie sind meist nur darauf aus, die Gehirne darauf vorzubereiten, sich mit kurzlebigen Begierden vollstopfen zu lassen. Und ihre Programme bedienen die herrschende politische Doktrin. Ich bin in diesem System nur eine Spielfigur unter anderen.

36. Der lange Marsch

Im Juni 2017 drehte sich der Wind. Bis dahin war alles korrekt nach der im April mit den Gendarmen ausgehandelten Vereinbarung gelaufen. Jede Woche nahmen drei Gruppen von Exilierten den Zug zum Empfangszentrum für Asylsuchende (PADA), und die SNCF zeigte sich kulant. Wissend, dass wir nicht monatlich Tausende von Euro für Zugtickets ausgeben konnten, gewährte sie den Geflüchteten kostenlose Fahrkarten oder großzügige Rabatte.

Doch Olivier Bettati, rechter Parlamentskandidat der Parteilosengruppe Divers Droite und unterstützt vom Front National, säte Zwietracht. Dieser Sohn italienischer Einwanderer, die erst nach Argentinien emigriert und dann an die Côte d'Azur übergesiedelt waren – aber sicher haben Italiener eher als Sudanesen das Recht, sich in einem anderen Land niederzulassen –, hatte ein kurzes Gedächtnis. Er filmte eine Abfahrt im Bahnhof von Breil und kommentierte: »Mehr als hundert Migranten nehmen gleich zusammen mit dem Schlepper Cédric Herrou kostenlos den Zug.«

Und wie schockierend die Bilder doch waren! Umringt von Gendarmen und ein paar ehrenamtlichen Helfern, standen friedlich wartende Afrikaner auf dem Bahnsteig. Auf diese »unglaubliche Szene« stützte sich der ehemalige Stellvertreter von

Nizzas Bürgermeister Estrosi, um seine Hassrede zu verbreiten. »Monsieur Herrou ist ein gefährlicher Mann. Natürlich müssen wir alle helfen, wenn jemand in Not ist, aber […] nach Migranten suchen und sie herbringen, das nennt sich Menschenschmuggel. Monsieur Herrou ist ein Schlepper […]. Wir müssen Schengen beenden, wir müssen unsere Grenzen schließen.«

Sein Video wurde 350 000 Mal angeklickt, was ihm zu Kopf stieg. Einige Wochen darauf forderte Bettati in Nizza vor Gericht die Auflösung von Roya citoyenne. Wieder dasselbe Lied: »Wir sind nicht davor gefeit, dass ein Terrorist Herrou benutzt, um in unser Land zu gelangen.«

Für diesen Antrag bediente sich Bettati eines Vereins namens Défendre la Roya (Das Royatal verteidigen). Er war nur zu dem Zweck gegründet worden, unsere Aktionen zu torpedieren, und sein Vorsitzender war ein ehemaliger Angehöriger der Grenzpolizei im Ruhestand. In dem Antrag wurden Roya citoyenne illegale Handlungen vorgeworfen, die die Sicherheit der Talbewohner, ja ganz Frankreichs bedrohten. Der Richter fiel nicht darauf herein und wies den Antrag am 16. November 2017 zurück. Seiner Meinung nach lieferten die Antragsteller keinerlei Beweise für ihre Behauptungen, sondern »warfen lediglich alles in einen Topf (Migranten, Diebe, Terroristen)«, was das übliche Vorgehen der extremen Rechten sei. Das Handeln Bettatis und seines eigens zu diesem Zweck gegründeten Vereins entspringe eher »dem Willen, einer politischen Sache zu dienen, als dem Wunsch, eine juristische Debatte zu entfachen«. Das Gericht verurteilte sie zu einer Zahlung von fünftausend Euro an Roya citoyenne.

»Fassungslos und empört« prangerte Bettati dieses Urteil als »völlig surrealistisch« an. Doch nach der Veröffentlichung des Videos verpflichtete der Präfekt die SNCF, von den Geflüchteten den vollen Fahrpreis zu erheben. Hatte er dem Druck nachgegeben? Da wir über keine finanziellen Mittel verfügten, saßen wir auf dem Bahnsteig fest.

»Vielleicht könnte sich der Präfekt ein Vorbild nehmen«

Es war ein eindrückliches und verstörendes Bild: eine Reihe von 92 Asylsuchenden, Rücken zur Wand, von einem Dutzend mit Maschinengewehren bewaffneten Gendarmen am Einsteigen in den Zug gehindert. Das erinnerte mich an die Schwarzweißfotos in meinen Geschichtsbüchern. In meiner Wut twitterte ich: »Vielleicht könnte sich der Präfekt für den Transport der Asylbewerber die Judentransporte im Zweiten Weltkrieg zum Vorbild nehmen.«

Der Präfekt nahm es so auf, wie ich gehofft hatte, schlecht. Sehr schlecht. Mir ist völlig klar, dass man die beiden Geschichten nicht miteinander vergleichen kann: Im einen Fall führten die Transporte zur Auslöschung von Millionen Unschuldigen, im anderen dienen sie dazu, es den Geflüchteten möglichst schwer zu machen und sie zu demütigen. Mein grober Tweet brachte mir ein Jahr später einen Prozess wegen öffentlicher Beleidigung ein, bei dem der Präfekt des Departements Alpes Maritimes persönlich im Publikum saß, ebenso der Regionalpräfekt sowie ein paar Abgeordnete und hohe Beamte der Präfektur – unverhältnismäßig. Die Richter gestanden mir zu, dass ich in gutem Glauben gehandelt hatte. »Wenn der Beschuldigte sich einer provozierenden, wenngleich ungeschickten Methode bediente, um sich an den Vertreter des Staates im Departement Alpes Maritimes zu wenden, lässt sich daraus ableiten, dass die Beleidigung nicht vorsätzlich erfolgte, was beweist, dass keine schuldhafte Absicht vorliegt«, schrieben sie.

Dem Präfekten wurde wieder einmal eine Lektion erteilt. Trotzdem legte er Berufung gegen meinen Freispruch ein. Seinem Anwalt zufolge lief meine »schändliche« Äußerung darauf hinaus, der Präfekt wolle »die Polizei und die SNCF anweisen, die Migranten in Deportationslager zu transportieren«. Vor dem Berufungsgericht in Aix-en-Provence forderte der Staatsanwalt, der meinen Kampf für »absolut respektabel und vielleicht sogar legitim« hielt, im September 2019 dennoch eine Geldbuße von tausend Euro. Ich war in seinen Augen also schuldig – aber welcher Tat eigentlich?

Der Anklagevertreter erklärte, wenn man den von mir verfassten Satz lese, sei er für sich genommen nicht beleidigend. »Monsieur Herrou beschimpft den Präfekten nicht als Kollaborateur oder Nazi.« Der Satz sei aber in einem größeren Zusammenhang beleidigend, denn er ziehe »eine Parallele zwischen der Behandlung der Juden während des Zweiten Weltkriegs und der Behandlung, die man heute den Flüchtlingen zuteil werden lässt«. Meine Verteidigerin Sabrina Goldman wies in ihrem Plädoyer darauf hin, dass es bisweilen nötig sei, »Unvergleichbares zu vergleichen, um das Gewissen der Menschen wachzurütteln«. Zia Oloumi ergänzte, ich habe den Präfekten, der binnen drei Jahren 469 Mal vom Verwaltungsgericht wegen Verstoß gegen das Asylrecht verurteilt worden sei, lediglich auffordern wollen, »die Mittel des Staates in den Dienst der Einhaltung des Rechts zu stellen«. Das Berufungsgericht bestätigte meinen Freispruch.

»Zu Fuß? Aber wie soll das gehen?«

Wir saßen also am Bahnhof von Breil fest und beschlossen zusammen mit Claudine, Sylvain und René von Roya citoyenne, uns zu Fuß auf den Weg nach Nizza zu machen. Ein langer und anstrengender Marsch durch die Berge, der über drei Tage dauern würde. Ohne die Schwächsten der Gruppe, die den Zug nahmen. Ein paar von »unseren« Gendarmen aus Breil, die zu informieren wir uns nicht die Mühe gemacht hatten, entdeckten uns bei der Berghütte auf dem Col de Brouis auf neunhundert Metern Höhe.

»Cédric, kehrt ihr nicht auf deinen Hof zurück?«

»Nein, sie müssen doch nach Nizza.«

»Wie kommt ihr dorthin?«

»Zu Fuß.«

»Zu Fuß? Aber wie soll das gehen?«

»Na ja, wir laufen.«

«Und was ist mit Essen, Trinken, Schlafen?«

»Wir hoffen, dass die Leute weiter so großherzig sein werden wie die hier.«

Ein paar Freiwillige versuchten, der Gruppe zu folgen, aber die *shebabs* hatten ein irres Tempo drauf. Ihr Eifer überraschte mich. Ich war glücklich, gemeinsam mit ihnen in unserer herrlichen Berglandschaft zu sein und über andere Dinge zu reden als über Unterbringungs-, Asyl- oder Verwaltungsfragen. Jedem von uns taten die Füße weh, und sie fühlten sich verstanden.

In Sospel erwartete uns mein Freund, der Filmemacher Michel Toesca, mit ein paar Lebensmitteln. »Die Gendarmerie ist in Panik! Sie wissen nicht, wo ihr seid. Als ich den Checkpoint zwischen Breil und Sospel passiert habe, haben sie mich gefragt, ob ich nicht ungefähr hundert Personen afrikanischer Herkunft die Straße hätte entlanglaufen sehen.«

Der Präfekt, mit in Vergessenheit geratenen Bergwegen wenig vertraut, dachte, wir würden die Straße nehmen. Irrtum. Am Himmel kreiste ein Helikopter, aber unter dem Laub der Bäume waren wir nicht leicht zu erkennen. Ein paar Bewohner von Sospel erwarteten uns mit großer Gastfreundschaft. Bürgermeisterin Marie-Christine Thouret schloss uns mit ernstem Gesicht für die Nacht das Tor zum Campingplatz auf. Dabei warf sie uns vor, wir hätten sie vor vollendete Tatsachen gestellt. Wir seien respektlos, unsere Methoden unwürdig, bla, bla, bla … Ich entgegnete, wir könnten auch anderswo schlafen. Aber wie sollten wir den dampfenden Kochtöpfen und dem Lächeln der Bewohner von Sospel keine Ehre erweisen? Am Abend kam es spontan zu einem Fußballspiel zwischen der Mannschaft von Sospel und den jungen Afrikanern, die begeistert waren.

Am nächsten Tag empfing uns der Bürgermeister von Escarène, Pierre Donadey, mit großer Herzlichkeit in seinem Dorf. Die Unterstützung für uns übertraf ein weiteres Mal sämtliche Erwartungen. Die Bäckerei versorgte uns mit Brot, die Pizzeria mit Pizzen, ein Verein ermöglichte uns freien Zutritt zu einem Computerraum. Youssef, unser Koch, teilte Essen und Tabak aus und sorgte mit ein wenig Autorität für das Zusammenbleiben der Gruppe. Dann machte die Erschöpfung von dem anstrengenden Marsch es unmöglich, länger wach zu bleiben, und kaum war es dunkel, schliefen alle unter freiem Himmel wie die Babys.

Brennende Füße

Am letzten Tag nahmen wir den Weg an der Landstraße entlang, weil die Gebirgswege unserer Vorfahren wegen der Zäune um neuere Gebäude nicht mehr passierbar waren. Ich fürchtete diese 25 Kilometer auf Asphalt, denn unsere Füße waren von zwei Tagesmärschen in der glühenden Sonne schon kaputt. Plötzlich stießen wir auf drei junge Afrikaner, die am Straßenrand lagen. Einer von ihnen hob den Kopf und entdeckte mit großen Augen unsere Prozession. Sie kamen aus Italien, sie waren allein, sie hatten seit einer Woche nichts gegessen, sie wussten nicht, wo sie waren. Und dann, oh Wunder, begegnete ihnen eine Gruppe, die auf dem Weg nach Nizza war, um Asyl zu beantragen – so ein Glück! Wir waren etwa hundert, uns ließ die Polizei in Ruhe.

Je näher wir dem Ziel kamen, desto unfreundlicher wurden wir begrüßt. Ich hörte Autofahrer »Drecksneger!« brüllen. Andere hingegen hupten, um uns Mut zu machen. Rassismus ist in Nizza Teil der Kultur geworden, auch wenn sich zwischen der Place Masséna und der Promenade des Anglais die Sprachen mischen, ohne dass es irgendwen stört, Russisch, Englisch, Italienisch, Dänisch, Deutsch, Japanisch. In Nizza werden Menschen aus anderen Ländern geduldet, solange sie reich sind und konsumieren.

Zum Mittagessen empfing man uns in einem Vereinsraum im Arianeviertel, wo ich meine Jugend verbracht hatte. Seit Jahren war ich nicht hier gewesen. Die Erinnerungen überschlugen sich, der Gitano Soso, die Einstiegsöffnungen zur Kanalisation, die wir erkundet hatten, Madame Barberis, die mir die Geschichte des Viertels erzählt hat. In der Nähe einer Grünanlage erwartete uns die Polizei, und ein unterer Dienstgrad erlaubte sich eine rassistische Bemerkung: »Sie haben sich das richtige Viertel ausgesucht, um sie einwandern zu lassen. So wie die aussehen, werden sie keine Probleme haben, sich in den Abschaum hier zu integrieren.«

Zwanzig Jahre früher hätte er sich eine solche Bemerkung niemals erlaubt. Sein Einsatzfahrzeug wäre noch am selben Abend in Flammen aufgegangen. Ich antwortete ihm nicht, so sehr war ich darauf konzentriert, dass wir es zur Place Garibaldi schafften, wo wir von Flüchtlingsinitiativen erwartet wurden. Die Direktorin des Théâtre National de Nice, Irina Brook, hatte versprochen, an unserer Seite zu sein, überlegte es sich aber anders. War Druck auf sie ausgeübt worden, oder hatte sie dem vorgegriffen? Es war wohl die ewige Furcht vor Bedrohung.

Die Zeit war gekommen, meine Weggefährten zu verlassen. Jetzt übernahmen bis zum Empfangszentrum für Asylsuchende die Initiativen aus Nizza. Ich musste wieder zu meinen Hühnern und zu neuen Gästen. Morgan, Youssef und ich kehrten mit brennenden Füßen heim. Auf meinem Hof waren in der Zwischenzeit dutzende Exilierte angekommen. Wir fingen mit neuen Personen wieder bei null an und wussten immer noch nicht, wie wir ihre Weiterreise organisieren sollten. Aber wir waren fest entschlossen und würden nicht lockerlassen. Doch leider verfügte der Präfekt über ein massives Mittel, die Ordnungskräfte.

37. Hochsicherheitscamping

Juni 2017. Beginn der Belagerung. Drei verschiedene Überwachungsposten umzingelten den Hof, das heißt etwa fünfzig Bereitschaftspolizisten, die sich Tag und Nacht auf den umliegenden Gebirgspfaden ablösten. Unter schützenden Plastikplanen beobachteten sie mit Feldstechern gewissenhaft, was auf dem Hof vor sich ging. Wir hatten das Gefühl, wie Piraten auf einer sturmumtosten Insel zu leben. Die Zeit verstrich, als gäbe es sie nicht mehr, Wochen vergingen wie Tage, Tage wie Monate. Es gab keine Montage und keine Sonntage mehr, nur noch die Öffnungszeiten des Empfangszentrums für Asylsuchende (PADA) und der Zugfahrplan bestimmten unseren Tagesablauf. Wir fühlten uns in einer eigenen Welt, einer Welt, in der uns niemand mehr verstand, unsere Unterstützer ebenso wenig wie unsere Gegner. Auf diesem einen Hektar großen autonomen Territorium, das keine Fahne brauchte, hatten wir unsere eigenen Regeln und die Devise: Freiheit, Gleichheit, Brüderlichkeit, Solidarität.

Wir wagten im Freien nicht laut zu reden – zumindest nicht am Anfang. Wir gingen ins Haus oder ins Zelt, aus Angst, sie könnten uns belauschen. Doch nach und nach gewöhnten wir uns an sie. Wir winkten ihnen sogar zu und luden sie zu einem Aperitif ein, vergeblich. Die Gewalt begann, wenn wir das Gelände verließen. Ausweise wurden kontrolliert, Papiere und

Autokennzeichen fotografiert, die Bewegungen jeder Person erfasst. Manche Freiwillige waren noch nie im Leben kontrolliert worden, jetzt geschah es mehrmals am Tag.

Unten auf der anderen Straßenseite, gegenüber dem Weg, der zu meinem Hof führt, waren zwei Gendarmen unter einer Zeltplane postiert, manchmal saßen sie auf Klapphockern wie Zombies, die auf *action* warten. Anfangs überprüften sie nur die Ausweise der Schwarzen. Gegen diese Gesichtskontrollen protestierte ich. Um der Kritik aus dem Weg zu gehen, kontrollierten sie dann jeden, und die Präfektur jammerte: »Wenn wir gezielte Kontrollen durchführen, wirft man uns Gesichtskontrollen vor. Wenn wir alle kontrollieren, heißt es, wir kontrollieren systematisch.«

Jagd auf Schatten

Dieses einem Wahn entsprungene Spinnennetz kostete die Öffentlichkeit Tag für Tag ein Schweinegeld – wozu? Eine Überwachung rund um die Uhr ist eine Verletzung der persönlichen Freiheitsrechte. Das sagte ich den Gendarmen auch, aber sie glaubten mir nicht. Einige taten, als wäre ich Luft, wie Kinder im Schulhof. Ich fragte sie: »Haben Sie eine schriftliche Anordnung für diese Mission? Nein, jede Wette!«

Sie blieben stumm, verlegen. Manchmal wagte einer zu antworten: »Wir persönlich haben nichts gegen Sie, wissen Sie, wir befolgen lediglich die Anweisungen.« In manchen Gesichtern konnte ich auch Scham lesen.

Trotz all dem waren unsere Beziehungen höflich und respektvoll. Schließlich waren diese jungen Männer nicht zur Polizei gegangen, um uns auf die Nerven zu gehen. Zudem wurde ihnen die Zeit lang. Also grillten sie, lasen, hielten eine kleine Siesta oder spielten Pokémon. Doch die kräftigen, häufig

tätowierten Kerle mit ihren im Fitnessstudio trainierten Mus-
kelpaketen konnten nicht lange stillhalten. Nach ein paar Wochen im Royatal flogen sie fort zu anderen, spannenderen
Missionen, nach Französisch-Guyana oder anderswohin.

Manchmal hatten sie eine kleine Abwechslung: die Jagd auf
Exilierte, die plötzlich auf den Eisenbahnschienen oder Pfaden
auftauchten. Dann folgte der immer selbe obszöne Zirkus.
Tschen, die große schwarze Hündin, bellte, die Gänse schnatterten, gebrüllte Aufforderungen zerrissen die Stille, starke
Taschenlampen bohrten sich in die Dunkelheit. Menschen in
Sandalen, von einer zu steilen Schlucht gestoppt, wurden von
bewaffneten Menschen festgenommen. Sie waren schuldig,
weil sie schwarz waren.

Dabei waren diese Gehetzten, die behandelt wurden wie
Abfall, unauffällig wie Schatten. Wer achtet schon auf Schatten?
Niemand außer im Royatal. Das französische Recht galt für sie
nicht. Stattdessen wurden diejenigen angeklagt, die Widerstand leisteten wie wir. Wir wurden mit polizeilichen Repressionen, Todesdrohungen, vorläufigen Festnahmen, Prozessen,
Durchsuchungen, Beschlagnahmungen von Computern und
Mobiltelefonen und Verleumdungen gewisser Abgeordneter
und hoher Beamter überhäuft. Diese Überwachung war ein
weiterer staatlicher Gewaltakt.

Niederlage vor Gericht

Zum Selbstschutz begann ich, mit meinem Mobiltelefon zu
filmen. Oberhalb meines Zugangswegs stellte ich auch eine
Kamera auf, die ich an einem der Pfade gefunden hatte und die
von den Gendarmen selbst angebracht worden war. Um nicht
gefilmt zu werden, versteckten sie sich den ganzen Tag lang
hinter einem Olivenbaum. Ich hatte Mitleid mit ihnen und

montierte die Kamera wieder ab. In diesem Kleinkrieg kämpfte jeder mit den Mitteln, die ihm zur Verfügung standen. Sie stellten in den Bergen »Fallen«, die der sechstgrößten Weltmacht würdig waren. Zum Beispiel spannten sie durchsichtige Angelschnüre quer über den Weg und verbanden sie mit einer Plastikflasche, die mit Kieseln oder Gummigeschossmunition gefüllt war. Ging ein Jugendlicher vorbei, verfing er sich mit den Füßen darin und löste Alarm aus.

Noch Monate nach dem Abzug der Gendarmen lag ein starker Geruch nach Urin und Abfällen in der Luft. Und sie hatten in den Strommast unterhalb meines Hofs »Marseille« geritzt, wo ihre Kompanie herkam, und Striche für jeden Tag, den sie hier waren, wie Sträflinge.

Im Jahr darauf, im Frühjahr 2018, kehrten sie auf ihre Posten zurück, errichteten sogar einen weiteren – wie Zugvögel. Fast freuten wir uns, sie wiederzusehen, aber diesmal wehrten wir uns. Wir nutzten unsere üblichen Waffen, die Medien und die Justiz. Wir filmten ständig und machten Fotos, die wir über die sozialen Netzwerke verbreiteten. Das Mobbing hatte die Seiten gewechselt. Wir fingen sie in ihrer eigenen Schlinge.

Eine Woche lang kam jeden Morgen und jeden Abend ein Gerichtsvollzieher und nahm ihre Anwesenheit zu Protokoll. Mit diesen unserer Meinung nach beachtlichen Beweisen beantragten wir beim Verwaltungsgericht in Nizza eine einstweilige Verfügung, um diese »schweren und offenkundig widerrechtlichen Grundrechtsverletzungen« zu beenden. Nach dem Gesetz dürfen Gendarmen nur zwölf Stunden lang kontrollieren, nicht länger. Unserer Meinung nach hatte der Präfekt unrechtmäßige Aktionen angeordnet.

Er schickte Muriel Rolle, die Leiterin der Rechtsabteilung der Präfektur, und Jean-Philippe Nahon, den Grenzpolizeidirektor des Departements zum Gericht. Der Chef der Grenzpolizei persönlich reiste wegen einer Bauernangelegenheit an! Wir waren gespannt und erwarteten ungeduldig ihre Rechtfertigungen. Madame Rolle warf mit öden juristischen Texten um sich und erklärte das Verwaltungsgericht für nicht zuständig. Und unser Antrag sei unzulässig, denn das, wogegen wir Klage erhoben (die ständige Anwesenheit der Gendarmen), sei »inexistent«. Es stimme nicht, was wir erzählten. Sie seien gar nicht da, höchstens zeitweise, zwischen den beiden Protokollbesuchen des Gerichtsvollziehers jedenfalls verließen sie die Gegend. Wir hätten Halluzinationen.

Nahon wiederum wurde puterrot, als würde er gleich platzen, als unser Anwalt Zia die Fakten darlegte. Ich fragte mich, ob er über die rund um mein Gelände postierten Polizeiposten überhaupt informiert war. Die Böswilligkeit der Präfektur verschlug mir die Sprache. Wie konnte sie das Gericht so offensichtlich belügen? Doch ihre Taktik war erfolgreich. Das Gericht erklärte sich für unzuständig. Dem Richter zufolge hatten wir trotz der Protokolle des Gerichtsvollziehers auch nicht bewiesen, dass die Identitätskontrollen über die gesetzlich vorgesehene Dauer hinausgegangen seien. Aber wie sollten wir das beweisen? Indem wir 24 Stunden lang ununterbrochen filmten?

Der Streich mit dem Absperrband

Eines Tages, als ich gerade nicht hinsah, zwangen vier bewaffnete Gendarmen Halefom, sich niederzuknien, um seine Papiere zu kontrollieren. Diese Brutalität machte mich rasend. Mir fiel wieder ein, was mir einmal ein Gendarm gesagt hatte. Man kann gegen die Verletzung von Privatbesitz klagen, wenn dieser durch eine Barriere oder ein Schild kenntlich gemacht ist. Ich schnappte mir eine Rolle Absperrband aus meinem Transporter und zog es um die verblüfften Gendarmen herum, Halefom kniete immer noch in der Mitte. Niemand bewegte sich, die Szene glich einem Tatort. Ich rief die Gendarmerie in Nizza an: »Ich möchte mich beschweren, dass sich Individuen auf meinem Privatbesitz befinden und sich weigern zu gehen.«

»Hm, ja, gut, können Sie die Szene beschreiben? Was sind das für Individuen?«

»Sie sind schwarz angezogen, mit Pistolen am Gürtel.«

»Pistolen?! Entschuldigen Sie, wer sind Sie?«

»Cédric Herrou. Ich glaube, das sind Gendarmen.«

Nach ein paar Minuten wurde der Rechtsverstoß von ihren Kollegen protokolliert. Mit eingeklemmtem Schwanz zogen die Gendarmen ab. Es war der 30. Juli 2018. Fröhlich rief ich meine Anwälte an, Sabrina und Zia: »Das erratet ihr nie. Ich habe die Gendarmen mit einem Stück Absperrband verjagt!«

Verrückt, wenn man sich das überlegt. Das Eigentumsrecht wird höher geachtet als das Recht des Einzelnen. Das Asylrecht kann man mit Füßen treten, aber in Privatbesitz darf man nicht eindringen. Wenn Flüchtlinge sich auf meinem Besitz befinden, können die Bullen nichts tun. Wenn sie zehn Zentimeter außerhalb sind, werden sie sofort verhaftet und ausgewiesen.

38. Die Falle

Ende Juli 2017 verstärkte sich der Zustrom von Neuankömmlingen plötzlich. Innerhalb von ein paar Stunden kamen an die hundert Jugendliche bei mir an, erschöpft und zitternd vor Angst und Müdigkeit. Schnatternd kündigten die Gänse ihr Kommen an, die *shebabs* hier ermutigten sie. Die anderen klammerten sich mit verstörtem Blick an den Mäuerchen fest, um die letzten Meter heraufzukommen und in Sicherheit zu sein. Willkommen auf freundlichem Boden! Sie erreichten das Feld, wo sie nichts mehr bedrohte, eine Art Fürstentum. Monaco, aber rustikaler.

Manche kippten dehydriert um, während andere in Shorts und Sandalen in schwindelerregendem Tempo die Terrassen herunterrasten, von Gendarmen verfolgt, die wie von Zauberhand aus dem Gebüsch auftauchten. Durch die Talmulden schallten Schreie, Eisenbahntunnels verstärkten das Gebrüll. Afrikaner wurden mit vorgehaltenem Sturmgewehr auf den Boden gezwungen. Tschen und Mia bellten unaufhörlich. Es war ein ungleicher Kampf, aber Jugendliche rennen schnell. Nach dem Schrecken dieses schmutzigen Katz-und-Maus-Spiels leckten ihnen die Hunde zum freundlichen Willkommensgruß das Gesicht.

Andere hatten weniger Glück. So verfolgten die Gendarmen eine Gruppe Jugendlicher, bis einer von ihnen in den Fluss sprang oder vielmehr zehn Meter in die Tiefe stürzte. Die Gendarmen fuhren ihre Autos mitten auf die Straße und starrten bei blinkendem Blaulicht auf den Körper, der auf den Felsen lag. Feuerwehrleute brachten schließlich den bewusstlosen Jungen mithilfe eines Seilzugs herauf.

»Lebt er noch?«

»Ja, er atmet, aber sein Zustand ist schlecht«, antwortete einer der Gendarmen.

Zum Glück erholte er sich trotz der vielen Brüche wieder.

Die Sperren verschwinden

22. Juli 2017. Schon beim Aufwachen bemerkte ich etwas Seltsames. Keinerlei Bewegung bei den Gendarmen, die uns überwachten, kein einziger Feldstecher nahm uns aufs Korn, nichts. Ich pfiff, keine Reaktion. Sonderbar. Ich vermutete einen Trick und stieg auf der Suche nach ihnen den Berg hinauf. Auf dem Kamm über den dicht gedrängten Dächern von Breil schien alles allzu ruhig. Nur die Schwäne, die unten über den See flogen, störten die Stille.

Auf der Fräsmaschine bewachte die rothaarige Katze Minime den ersten aus Plastikplanen zusammengebastelten Gendarmerieposten. Doch dessen Bewohner, die jungen Beamten, die sie aus Langeweile adoptiert hatten und fütterten, fehlten. Gewöhnlich sprangen sie auf, wenn man vorbeikam, verlegen, dass sie schlapp auf ihren Campingstühlen hockten. Doch heute Morgen waren sie verschwunden. Auch auf dem zweiten Posten war niemand. Überrascht rief ich in der Gendarmerie in Nizza an.

»Die Polizisten sind heute Morgen nicht auf ihren Posten. Es ist Donnerstag, also bald Wochenende. Es würde mich nicht stören, wenn Sie die Kontrollen am Montag aufheben, aber jetzt, vor dem Wochenende, wird es ein Schlamassel geben. Es drohen viele Leute zu kommen, und wir müssen bis Montagmorgen warten, um sie nach Nizza zu bringen.«

»Die Polizisten werden patrouillieren, statt auf festen Posten zu bleiben«, erklärte der Kommandant und verteidigte diese neue Strategie.

»Ich glaube nicht, dass Ihre neue Taktik aufgeht.«

»Keine Sorge, wir managen das.«

Er traut sich, bei den Zuständen hier von Managen zu reden? Das Tal ist zum neuralgischen Punkt der Ausweisungspolitik der Regierung geworden. Doch trotz der Überwachung des Campingplatzes wurden die Neuankömmlinge nicht weniger. Es mag seltsam erscheinen, aber ihre Zahl hatte sogar zugenommen. An den Sperren waren ständig fünfzehn Gendarmen postiert, das heißt, innerhalb von 24 Stunden waren etwa fünfzig Personen beteiligt. Und das genügte nicht, um unser ganzes Gelände abzuriegeln, diese drei Hektar kleine unbedeutende Bastion des Widerstands.

Meiner (Verschwörungs-?)Theorie zufolge hob der Präfekt diese Sperren in der Hoffnung auf, dass die Situation außer Kontrolle geriet. Er wartete schon lange darauf, dass wir scheiterten. Er wusste, dass wir nicht darauf vorbereitet waren, so viele Exilierte aufzunehmen. Wir hatten nicht genug Zelte und Sanitäreinrichtungen, ein sehr beschwerlicher Fußweg als Zugang. Wenn ein Drama passierte oder die Umstände bei uns zu unwürdig würden, hätte er seine Wette gewonnen. Aber war ihm auch klar, wie riskant es wäre, im Royatal ein Mini-Calais zu schaffen, was das mit den Gendarmen vereinbarte Protokoll bis jetzt verhindert hatte?

Ausweispapiere made in La Roya

Am Sonntagabend befanden sich schon 250 Personen bei mir, davon siebzig Minderjährige. Marion und Rémi, die beiden »Bürokraten« unserer selbstverwalteten Unterpräfektur, begannen damit, »Identitätskarten« auszustellen. Dieses Dokument verlieh den Jugendlichen, die alle keine Papiere hatten, eine Art offizielle Existenz. Es handelte sich um ein schlichtes Formular mit Namen, Vornamen, Geburtsdatum, Nationalität, Foto und vor allem dem entscheidenden Satz: »Ich bin Asylsuchender und habe heute meinen Willen mitgeteilt, bei der Gendarmerie in Breil-sur-Roya mein Gesuch um Asyl in Frankreich zu stellen.«

Für den juristischen Touch wurden auf Rat von Zia, meinem Anwalt, einige Auszüge aus dem CESEDA, dem Gesetz zu Einreise und Aufenthalt von Ausländern und zum Asylrecht, hinzugefügt und für den fantastischen Touch die hübsche Kopfzeile »RC« für Roya citoyenne, was fast wie »RF« klingt, République Française. Den Jugendlichen erklärten wir: »Wenn was passiert, schickt ihr eine SMS mit eurem Namen und Vornamen und dem Polizeiposten, in dem ihr euch befindet, an die Notfallnummer unten auf dem Dokument. Dann benachrichtigen wir einen Anwalt. Kein Anruf, nur eine SMS.«

Wenn die Person nach Italien zurückgeschickt wurde, hatten wir so den handfesten Beweis, dass sie vor ihrer Abschiebung Asyl in Frankreich hatte beantragen wollen. Dank diesem Verfahren gewannen wir dutzende Fälle am Verwaltungsgericht, das wir wegen »schwerer und offenkundig unrechtmäßiger Verletzung des Asylrechts« anriefen.

Die morgendliche Prozession

Das Wochenende verlief ziemlich gut. All diese Menschen mit nichts als ihren Kleidern auf dem von Schürfwunden gezeichneten Leib wussten, dass sie privilegiert waren, trotz der spartanischen Bedingungen – sie wurden wie Menschen behandelt und ohne Herablassung. Das veränderte sie. Die Glücklichsten drängten sich zu sechst in Viererzelte, die anderen schliefen unter freiem Himmel auf dem Boden, auf oder unter den Tischen der Outdoorküche oder unter den Wohnwagen. Unsere Trockentoiletten reichten nicht, und wir gruben Dutzende von Löchern auf dem Gelände, die natürlich keinen Schutz der Intimsphäre boten.

Das Küchenteam, Youssef und Mohamed, sorgte für unsere Ernährung, indem es die Tafel plünderte, die von unserem Druiden Richard – Pakeret oder Pak für den engsten Kreis – betreut wurde. Abdel und Kamal registrierten die Neuankömmlinge in einem Heft. Babakar erklärte jedem die Regeln unserer Gemeinschaft, während Kamal die Ermittlungen zu den Schleusern in Ventimiglia weiterführte. Er redete seit ein paar Wochen mit den Jugendlichen, um das Organigramm des Netzwerks zu verfeinern.

Ab sieben Uhr morgens machten sich an die zweihundert Leute mit gesenktem Kopf in einer endlosen Schlange zu Fuß auf den mehrere Hundert Meter langen Weg zum Bahnhof in Breil. Still folgte die Kolonne den Windungen der Straße wie eine religiöse Prozession. Die Menschen fragten sich angstvoll, was sie erwartete. Das ist Migrantenalltag, ein paar Tage Ruhe, dann wieder das Unbekannte.

Am Bahnhof, wo die örtlichen Gendarmen uns gewöhnlich mit einem freundlichen »Cédric, wir nehmen die Namen auf und gut?« begrüßten, war die Stimmung angespannt. Zwar waren solche Ankünfte kein Ereignis mehr, doch die Zahl heute veränderte den Ablauf. Sie riefen der Reihe nach alle zweihundert Namen auf, doch französisch ausgesprochen erkannte sich niemand darin wieder. Kamal wiederholte jeden Namen korrekt und dadurch erhielt die Szene eine gewisse Komik. Doch beim Anblick der Afrikaner, die mit dem Rücken an der Wand standen, ihnen gegenüber die bewaffneten Gendarmen, verstummte das Gelächter rasch.

Am Bahnhof von Nizza erwarteten uns zu meiner großen Überraschung die Medien.

»Wir hatten doch ausgemacht, dass keine Journalisten da sein sollten«, sagte ich zu David, dem lokalen Verantwortlichen der Bürgerinitiative.

»Ja, aber ich denke, wir brauchen die Medien.«

»Wir nicht. Sie hinzuzuziehen ist destruktiv. Das sind zweihundert Menschen. Die Zeitungsleser werden ausrasten. Und wenn es schiefgeht, bin ich es, der für den Scherbenhaufen bezahlt, nicht du!«

Ich war wütend, und die Journalisten machten mich noch wütender, da sie schamlos Fotos schossen wie Geier angesichts eines noch lebenden Tiers. Durch ihr Verhalten reduzierten sie diese Menschen wieder auf Angst erregende »Migranten«. Ich hörte die extreme Rechte schon »Invasion« brüllen und die Ängste der Bevölkerung schüren, dass sich womöglich Terroristen darunter befanden.

Die Falle schnappte zu. Das Empfangszentrum (PADA) in Nizza hatte David überzeugt, die Asylsuchenden nicht hier zu registrieren, woraufhin die meisten von ihnen in ein anderes Departement weiterwollten. Sie irrten von einer Grünanlage zur anderen, immer wieder von der Polizei verjagt. Was für eine Lösung blieb uns? Ich wusste keine. Der einhellige Wille des Präfekten, der Bullen, der SNCF, der Aktivisten und schließlich auch von mir mündete in die Anweisung, Nizza schnellstens zu verlassen.

Im Bahnhof schlüpfte ich mit zwei Eritreern in einen Waggon, die anderen hatten sich im Zug verteilt. Ich wollte mich nur vergewissern, dass sie gut durch Cannes kamen. Danach wären sie in einem anderen Departement, also davor geschützt, an die Grenze zurückgebracht zu werden. Wenn etwas passierte, wollte ich mit versteckter Kamera filmen.

Als Céline, eine Nizzaer Freundin, mich in den Zug steigen sah, warnte sie mich: »Du wirst im Polizeigewahrsam landen.«

Sie behielt recht.

39. Die Razzia in Cannes

»Hurensohn, wir sind hier nicht wie die Schwuchteln von der Polizei in Nizza, wir werden dir deine Scheißbastardfresse einschlagen, kapiert?« Die Polizisten hatten mich mit dem Gesicht an die Wand gepresst, und ich bekam Angst.

Bei der Ankunft des Zugs in Cannes hatten sie sich wie die Furien in die Waggons gestürzt und alle Schwarzen rausgeholt. Das Gleis wimmelte vor glückseligen Touristen, die in ihren scheußlichen Plastiksandalen, Sonnenhut auf dem Schädel, Luftmatratze unterm Arm weiter sorglos herumliefen. Keiner erregte sich über die niederschmetternde Szene. 156 unerwünschte Schwarze, umstellt von Dutzenden Polizisten, saßen auf dem Boden.

»Da ist er«, hörte ich jemanden schreien, während ich mit dem Mobiltelefon filmte.

Ich hatte es gerade noch geschafft, aus dem Bahnhof zu kommen, aber ein Offizier der Grenzpolizei stellte mir ein Bein, packte mit einer Hand mein Handgelenk, mit der anderen meinen Nacken. Meine Schulterverletzung zog. Léa und Rémi filmten alles und alarmierten telefonisch Marion: »Marion, es ist schiefgegangen!«

Wir waren reingefallen wie Bienen in einem von Monsanto behandelten Rapsfeld. Der Präfekt beschlagnahmte Busse, um die festgenommenen Jugendlichen nach Italien zurückzubringen. Die Polizisten schlugen die Telefone weg, die sie filmten. Die Touristen schauten weiterhin weg, liefen zum Strand. Ich betete darum, dass die Seelen der im Mittelmeer ertrunkenen »Migranten« sie in ihren Träumen heimsuchten. Ich malte mir aus, dass sich zur Strafe für ihre Gleichgültigkeit verweste Körperteile auf ihre ausgestreckten Leiber legten und alle verschwundenen Opfer sie verfluchten.

Das Eiserne Kreuz

Die Wade eines Bullen hatte ein eindeutiges Tattoo, das Eiserne Kreuz, ein Zeichen der Rechtsextremen. Mein Polizeigewahrsam bei diesen ultrarechten Polizisten drohte schlimm zu werden. Sie hielten mir Aussagen von Asylsuchenden unter die Nase, die ich in Ventimiglia abgeholt und denen ich erklärt hätte, wie sie den Kontrollen ausweichen könnten: »Cédric hat uns mitgeteilt, hinter Cannes sei es sicher. Außerdem hat er uns ein Papier gegeben, um durch die Kontrollen zu kommen.«

Die Polizisten stützten sich auf die Videoüberwachung des Bahnhofs in Nizza, die zeigte, wie ich »dabei war, Migranten aufzufordern, in den Zug nach Marseille zu steigen«, was ich gar nicht leugnete. »Nach den Informationen der PADA haben diese Personen das Recht, in anderen Departements ein Asylgesuch zu stellen. Also habe ich ihnen den Zug nach Marseille gezeigt.« Das Empfangszentrum hätte die Geflüchteten über dieses Recht informieren müssen. Stattdessen hatten wir es getan. Das war nicht illegal. »Wir müssen zweihundert Personen versorgen, ohne Hilfe der Behörden oder irgendeine Anweisung. Wir müssen improvisieren. [...] Wir haben keinerlei Möglichkeit, mit dem Präfekten oder dem Innenministerium zu kommunizieren. Unsere Bürgerinitiative passt sich der Mauer des Schweigens an und tut mit den Mitteln, die sie hat, was sie kann.«

Zias Lektion in Sachen Recht

Die Unlogik war eklatant. In Breil waren die Asylsuchenden, von Polizisten begleitet, problemlos in den Zug nach Nizza gestiegen, rechtmäßig also. Ein paar Stunden später wurden sie in Cannes zu Illegalen. Wie erklärte sich dieser Umschwung? Gab es da irgendeine Logik? Nein. Warum hatte der Präfekt bis Cannes gewartet, um einzugreifen? Wollte er die Zuständigkeit eines anderen Gerichts für den Fall? Ein entsprechendes Gerücht machte die Runde. Die Staatsanwaltschaft in Nizza sei zu lax mit mir; die in Grasse, die für Cannes zuständig ist, solle »den Fall übernehmen«. Sie spielten wie immer verrückt, in vollkommener Missachtung aller Regeln des Rechts.

Zia Oloumi rief sie den Beamten in Erinnerung, die sie gewissenhaft notierten. Erstens kann der Asylsuchende »vorläufig auf dem Territorium bleiben, bis über sein Gesuch entschieden ist« (Verfassungsrat, 13. August 1993). Zweitens muss die Polizei oder die Gendarmerie ihn, wenn er sein Gesuch vorbringt, »an die zuständige Behörde« verweisen (Artikel R741-2 des CESEDA). Und drittens müssen, selbst bei einer Festnahme wegen »illegaler Einreise«, Polizei oder Gendarmerie das Gesuch an den Präfekten weiterleiten, der verpflichtet ist, es zu registrieren (Staatsrat, 2. Oktober 1996).

Keine dieser Regeln wurde in den Alpes Maritimes eingehalten.

40. Zusammengepfercht wie Vieh

Das Zivilfahrzeug der Grenzpolizei raste in halsbrecherischem Tempo. Kreisverkehre und Kreuzungen, rote oder grüne Ampeln, der Fahrer wurde spielend mit jedem Hindernis fertig. Die Gendarmerie und in ihrem Schlepptau die Nationalpolizei aus Cannes fuhren mit Blaulicht. Ein beeindruckender Korso für die Fahrt zu einer einfachen Hausdurchsuchung ... Jugendliche riefen uns Witze und Bemerkungen nach. Ich hörte nur mit einem Ohr hin. Meine gefesselten Handgelenke taten mir weh. Die ersten Bergrücken und Olivenbäume des Royatals kamen in Sicht und spendeten mir nach einer Nacht in der Zelle kostbaren Trost.

Ich hätte alles gegeben, um bei Marisa haltzumachen, dem alten, von zwei Schwestern geführten Lebensmittelgeschäft an der Grenze – ein kaltes Bier, ein Tomate-Mozzarella-Sandwich, eine Zigarette. Unser Konvoi bretterte vorbei. Wussten die Schwestern, dass ich der Grund dafür war? Vermutlich. In einem Tal spricht sich alles herum, Gerüchte hat die Grenze noch nie ferngehalten.

Viaduc des Eboulis, Pont de Rogne, ein paar Kurven, dann stoppte der Korso abrupt mitten auf der Nationalstraße, ohne rechts ranzufahren. Die beiden altbekannten Superbullen stellten mich zur Schau wie Fischer einen dicken Fang.

Was ich oben auf meinem Hof erblickte, bestürzte mich. Meine Gäste waren in drei Gruppen eingeteilt und wie Vieh zusammengepfercht worden. Die Minderjährigen saßen aneinandergedrängt auf dem Küchenboden, umzingelt von bewaffneten Gendarmen. Die Erwachsenen standen in der prallen Sonne, schwer bewacht, zunächst ohne Wasser und Toilettenerlaubnis, bis Youssef, unser kämpferischer Koch, eine Lockerung ausgehandelt hatte. Die Freiwilligen schließlich waren auf der Terrasse versammelt und durften nicht einmal mit der Wimper zucken.

»Sind wir verhaftet? Rechtlos?«, fragte Marion.

Nein, von den Freiwilligen nahmen sie nur die Personalien auf. Für die *shebabs* war die Situation viel ernster. Sie sollten alle mitfahren, sogar die wenigen Dauergäste unter ihnen, die bei der Präfektur registriert waren und legal bei uns lebten.

Ich erinnere mich noch an den Blick der Minderjährigen. Voller Angst. Tief verletzt. »Du hast uns angelogen«, schienen sie mir zu sagen. Ich hatte ihnen versprochen, dass die Kinder- und Jugendhilfe ihre Betreuung übernehmen werde; sie erwarteten sie seit Tagen, die meisten schon seit Wochen. Wer Glück hatte, würde unter die Autobahnbrücke in Ventimiglia zurückkehren und dort dahinvegetieren; die anderen würden von den italienischen Behörden achthundert Kilometer weit in den Süden nach Taranto geschafft werden, um ihnen das Leben noch schwerer zu machen.

»Ihr hättet aufräumen können!«

Der Campingplatz Cédric Herrou war kein schöner Anblick. Überall Berge von Müll, Überreste des Wahnsinns an diesem Wochenende.

»So ein Dreckstall! Ihr hättet aufräumen können!«

Ich wusste, dass meine Reaktion ungerecht war und meine schlechte Laune fehl am Platz, denn der Zustrom hatte seit Wochen nicht nachgelassen. Seit wir uns gestern Abend mit zweihundert Personen auf den Weg gemacht hatten, waren über neunzig andere hier aufgekreuzt. Die Bullen aus Cannes frohlockten: Endlich konnten sie die »unwürdigen Unterbringungsbedingungen« beweisen.

»So eine Drecksau, dieser Herrou!«

Sie fotografierten alles, sogar das Planschbecken der Gänse. Diente es den *shebabs* nicht als Badewanne? Was für ein Irrsinn! Sie drohten mir mit Strafanzeige. Kleinlauter wurden sie, als ihnen ihr logistisches Problem klar wurde. Sie hatten nur einen Minibus mit neun Sitzen, für zehnmal so viele Personen.

»Wir konnten doch nicht ahnen, dass hier so viele Leute sind«, fluchte die Kommandantin.

Aber wie lange schon schlugen wir Alarm! Die Aktion endete in einem Riesenchaos.

Unsere Gäste, die nach und nach weggebracht wurden, flüsterten Marion im Gehen zu: »Danke und bis morgen!« Die meisten von ihnen würden sich in Ventimiglia wieder auf den Weg zu unserem Camp machen. Willkommen in Absurdistan!

Fake Scoop

»Exklusiv – Cédric Herrou, der ›Migrantenschleuser‹, ist in Haft genommen worden.« Die Zeitschrift *Valeurs actuelles* war so stolz auf ihren Scoop, dass sie ihn gleich viermal twitterte. Dabei war er schlicht falsch. Ich war nicht im Gefängnis. Ein kurzer Anruf bei der Staatsanwaltschaft in Grasse hätte bestätigt, dass ich aus dem Polizeigewahrsam entlassen worden war. Aber deren Telefonnummer hatte das rechtsextreme Wochenmagazin wohl nicht.

Die üblichen Kläffer fielen über mich her. Die rechtsextremen Politiker Florian Philippot und Gilbert Collard verbreiteten die Falschmeldung weiter, und Olivier Bettati setzte noch eins drauf: »*Valeurs actuelles* enthüllt, dass Monsieur Herrou zwischen Exkrementen Leute beherbergt – eine Schande, dieser Kerl ist ein Ungeheuer.«

Estrosi und Ciotti wetteiferten miteinander. Ersterer bezeichnete mich als Individuum, »das die Arbeit der Ordnungskräfte untergräbt« und sich darin gefalle, »von menschlichem Elend zu profitieren«. Und sein Intimfeind Éric Ciotti drohte: »Der Staat muss die Aktionen von Monsieur Cédric Herrou und seinen Unterstützern beenden, sonst macht er sich zu ihrem Komplizen.«

Glücklicherweise hielt der EU-Parlamentarier José Bové dagegen, nachdem er ein Wochenende bei uns verbracht hatte. »Cédric Herrou und all die Leute aus dem Royatal gehen nicht auf die Suche nach Geflüchteten. Die Geflüchteten kommen auf ihrem Weg durch die Berge zu ihnen. Hier sind keineswegs Schleuser im Verborgenen am Werk. Alles spielt sich öffentlich ab.«

Nebenbei bemerkt, Bové bezifferte die Kosten für die Grenzüberwachung auf sechzigtausend Euro pro Tag. Wer muss diese Verschwendung von Zeit und Geld einmal verantworten?

41. Vorgeladene Kunden und Peilsender

Territorium verlassen verboten, Bahnhöfe ansteuern vorboten, Zug nehmen verboten: Eine strenge richterliche Überwachung schränkte meine Bewegungsmöglichkeiten drastisch ein und hinderte mich daran, meine Olivenbäume auf der italienischen Seite zu pflegen oder die Grenze zu überqueren, um meine Erzeugnisse nach Nizza zu liefern. Ich saß in der Falle.

Hatte ich Kontakt zu Schleusern? War die Ankunft von Migranten bei uns »von möglichen Komplizen ferngesteuert«, oder erlitten wir sie lediglich passiv? Vor allem aber, hatte ich ein »finanzielles Interesse« daran? Die Untersuchungsrichterin von der Staatsanwaltschaft Grasse, die ein Ermittlungsverfahren wegen »Beihilfe zum illegalen Grenzübertritt und Personenverkehr von Ausländern« gegen mich eingeleitet hatte, ließ durch die Polizei die Bankkonten von mir und Roya citoyenne überprüfen. Das ließ mich kalt. Sie würden nichts finden. Das musste die Grenzpolizei nach zwei Jahren lächerlicher Arbeit auch zugeben. »Die Ermittlungen brachten keine konkreten und überzeugenden Beweise zutage«, schrieb Major Exbrayat im Oktober 2019.

Und doch lud die Polizei alle Personen vor, die seit 2013 Schecks zu meinen Gunsten unterschrieben hatten. Sie mussten sich erklären. Ein merkwürdiges Vorgehen war das, das letztlich auf den Versuch hinauslief, auch meine beruflichen Aktivitäten zu torpedieren. Viele Unternehmen wären durch eine solche Behandlung Bankrott gegangen. Meine Kunden jedoch unterstützten mich, bis auf einen, ohne Zögern. »Ich finde die Methode widerwärtig«, sagte mir einer von ihnen. »Als ob wir Komplizen deiner Aktionen würden, wenn wir deine Produkte kaufen.«

Peilsender

Der Ermittlungsbericht enthielt eine weitere Überraschung. Und was für eine: Die Polizei war heimlich ins Grundstück meiner Eltern eingedrungen und hatte Peilsender an ihrem Wagen angebracht. Ich wusste, dass mein Telefon abgehört wurde und meinen Fahrzeugen immer jemand folgte, aber dass sie meine Angehörigen ausspionierten, hätte ich nicht gedacht. Das war nicht hinnehmbar. Wie konnten sie so gezielt meine Familie angreifen?

Ich verbrachte eine Nacht damit, die mehreren Hundert Seiten des Berichts zu lesen, was zugleich traurig und aufschlussreich war. Die bis ins kleinste Detail beschriebene Hauptfigur wurde heruntergemacht und mit ungeheurer Verachtung beschrieben. Fern jeder objektiven Wahrheitssuche. Schlimmer noch, der Bericht stellte die Genfer Konvention und das Asylrecht infrage, indem er das Forum réfugiés-Cosi angriff, den Verband, der das Empfangszentrum (PADA) in Nizza betreibt. Das Forum war in ihren Augen schuldig, weil es der Meinung ist, dass »jeder Illegale jederzeit in unserem Land Asyl beantragen« kann. Dabei ist genau das vom Gesetz garantiert. Wussten sie nicht, dass das Forum réfugiés-Cosi vom französischen Staat mit dieser Dienstleistung beauftragt worden ist und das Innenministerium die Zentren zum Teil finanziert?

»Warum kommen nur Männer zwischen fünfzehn und dreißig Jahren als Migranten und Asylsuchende nach Europa?«, fragten die Polizisten den Juristen des Verbands. Sie nahmen – bewusst? – die Argumentation der extremen Rechten auf. Wenn sie sich informiert hätten, wäre ihnen klar gewesen, dass weltweit die Mehrheit der Migranten Frauen und Kinder sind. Aber anders als die Männer bleiben sie meist in den Nachbarländern ihres Herkunftsstaats und machen sich nicht auf den Weg nach Europa.

Da sie nichts Handfestes fanden, verrannten sich die Polizisten und suchten krampfhaft nach einem Haar in der Suppe. Zwar sei mein Handeln nicht illegal, doch zöge ich einen gewissen Gewinn daraus. »Der Schutz von Migranten bleibt ein umstrittenes und sehr sensibles Thema. Herrou hat es verstanden, dies für sich zu nutzen, um eine gewisse Bekanntheit zu erlangen.« Und diese Bekanntheit habe mir »eine Gruppe von Spendern, darunter einige recht großzügige«, eingebracht, die »Verbrauchsgüter und Bargeld« spendeten. »Daher gibt Herrou kein Geld für Nahrung und Kleidung aus«, konstatierten sie.

»Gut, dass du keine Klamotten kaufst, wo du doch eh schon so elegant rumläufst«, feixte Morgan.

»Störung der öffentlichen Ordnung«

Man konnte mir nichts vorwerfen, schon gar nicht Beihilfe zum illegalen Grenzübertritt von Ausländern. »Einsichtig und durch seine frühere Verurteilung wegen dieser Tatbestände gewarnt, hat er nur Beihilfe zu Aufenthalt und Personenverkehr in Frankreich geleistet«, schloss die Grenzpolizei fast bedauernd. Allerdings hätte ich im Bahnhof von Cannes »trotz der Anwesenheit von Polizisten die öffentliche Ordnung gestört«, indem ich »hundertfünfzig Migranten, ausschließlich Männer, angeführt«

hätte. Auch das war sachlich falsch. Ich hatte sie nicht »angeführt«, ich hatte sie begleitet, um eine eventuelle illegale Rückführung von Asylbewerbern zu filmen.

Im Lauf dieser dreijährigen Ermittlung erkannten weder die Polizei noch die Justiz, noch der Staat, dass sie auf dem falschen Weg waren. Der »Kampf gegen die illegale Einwanderung«, ihr gesetzliches Vorrecht, war zum Kampf gegen Einwanderung schlechthin geworden. Gewohnt, die Exilierten abschieben zu können, ohne dass sich jemand daran störte, hatten sie nicht vorhergesehen, dass Bürger sagen würden: »Es reicht!« Und das konnten sie weder verstehen noch ertragen.

42. Ein »Fürstentum« in Gefahr

Unser »Fürstentum« wankte. Die Razzia von Cannes hatte Schäden verursacht, und das einige Monate zuvor mit den Gendarmen ausgehandelte Verfahrensprotokoll war jetzt offenbar hinfällig. Das war nicht erstaunlich: Es hatte den Präfekten und die Grenzpolizei von Anfang an auf die Palme gebracht. In Ventimiglia erzählten die *shebabs* jetzt den anderen weiter, die »Unterpräfektur« im Royatal sei zu einer Mausefalle geworden, ein Bullenmagnet, den man besser meiden solle. Die Zahl der Neuankömmlinge auf meinem Hof halbierte sich.

Wir hatten nicht die Absicht aufzugeben und organisierten für unsere neuen Gäste einen Konvoi. Die Grenzpolizei tauchte im Bahnhof von Breil auf und schob sie vor den Augen der verärgerten örtlichen Gendarmen alle nach Italien zurück. Der Trend bestätigte sich, Ende der Toleranz und umfassende Repression. Wie dagegen ankämpfen? Uns fehlten die Dokumente, um vor dem Verwaltungsgericht zu klagen, denn die Bullen zerrissen sie. Die *shebabs* improvisierten eine Parade. Sie klebten die Einreiseverbote an die Scheiben des Busses, der sie nach Italien zurückfuhr, damit man sie fotografieren konnte. Ich war stolz auf sie wie ein Vater, der seinen Sohn bei der ersten selbständigen Fahrradrunde bewundert.

Die Präfektur wurde erneut verurteilt. Das hinderte die Behörden nicht daran, die bestehenden Regelungen weiterhin so auszulegen, wie es ihnen passte, mittels Schnellrückschiebungen anhand von vorangekreuzten Formularen, ohne Übersetzer und Einzelfallprüfung und ohne Gewährleistung einer Betreuung in Italien. Und was war von der handschriftlichen Anweisung zu halten, die die grüne EU-Parlamentarierin Michèle Rivasi am 31. März 2018 in der Grenzpolizeistation von Menton-Garavan entdeckte: »Wenn Presse vor Ort, keine Minderjährigen in Züge nach Ventimiglia setzen.«

Die Grenzpolizei war nämlich dazu übergegangen, die Minderjährigen diskret im Zug zurück nach Italien zu befördern, denn in Zügen patrouillierte die italienische Polizei nur selten. Durch dieses Vorgehen konnten die Franzosen vermeiden, dass die Italiener Migranten, wie früher schon geschehen, »zurück an den Absender« schickten. Als die französische Polizei die Exilierten noch grüppchenweise zu Fuß über die Grenze nach Ventimiglia abgeschoben hatte, hatten die italienischen Kollegen die Unterachtzehnjährigen systematisch zurückgeschickt. »Die hier behaltet ihr. Eure Kinder- und Jugendhilfe muss sich um sie kümmern, so will es das französische Gesetz.«

Sosehr die Proteste gegen diese Gesetzesverstöße auch zunahmen, sie blieben wirkungslos. Der Staat achtete das Gesetz nicht, und fast alle Welt gewöhnte sich daran.

Verbissener Angriff auf Martine Landry

Martine Landry war wie ich ihren ersten Migranten 2015 bei den Felsen von Menton begegnet. »Hat man sich erst einmal angelächelt, kann man sie nicht mehr im Stich lassen«, erklärte dieses geschätzte Mitglied von Amnesty International.

Am 28. Juli 2017 holte die Rentnerin beim italienischen Grenzpolizeiposten zwei sechzehnjährige Guineer ab, die während einer Hausdurchsuchung bei mir widerrechtlich nach Italien zurückgeschoben worden waren. Da sie bei der französischen Kinder- und Jugendhilfe registriert waren, hatten sie das Recht zurückzukehren. »Ich habe unter dem Schild ›FRANCE‹ auf sie gewartet«, erklärte sie bei ihrem Prozess. »Ich habe getan, was jeder tun sollte, nämlich sie zur französischen Grenzpolizei begleitet, damit sich jemand um diese Jungen kümmert.«

Ihr Handeln war in keiner Weise illegal, und die französische Kinder- und Jugendhilfe brachte die beiden auch umgehend in einem Heim unter. Martine Landry hatte Jugendliche beschützt, und das ist ihr hoch anzurechnen. Doch die Staatsanwaltschaft Nizza leitete ein Strafverfahren gegen sie ein. Angeblich hatte sie zwei ausländische Minderjährige »ohne Aufenthaltserlaubnis zu Fuß« von der italienischen auf die französische Seite »eskortiert«. Das war falsch. Weder hatte Martine die Grenze überquert, noch konnten die Minderjährigen als Personen ohne Aufenthaltserlaubnis betrachtet werden.

Die Staatsanwaltschaft bediente sich stur ihrer üblichen Taktik: Abschreckung, Einschüchterung, Verbissenheit. Aber nichts erhärtete das von ihr vermutete »Komplott«. Das musste die Anklagevertreterin in der Verhandlung zugeben, verdrossen forderte sie Freispruch. Im Juli 2018 sprach das Strafgericht Martine frei und lobte ihr »brüderliches Handeln zu einem humanitären Zweck«. »Sie hat zu keinem Zeitpunkt versucht, sich dem Gesetz zu entziehen.«

Die Generalstaatsanwaltschaft in Aix-en-Provence empfand dies als Schmach und legte Berufung gegen die Entscheidung der Staatsanwaltschaft in Nizza ein. Die Justiz verstrickte sich in ihre eigenen Widersprüche. Am Vorabend der Verhandlung ruderte die Generalstaatsanwaltschaft zurück und verzichtete auf die Berufung. So viel verlorene Zeit, Geld und Energie, um eine 76-jährige Bürgerin in die Enge zu treiben, der nur vorzuwerfen war, dass sie tat, was sie für gerecht hielt.

43. Der Hütten-Jackpot

Wie ein Vogel Strauß bog sich Rémi über die Tastatur, um auf leetchi.com einen Spendenaufruf zu starten. Er hatte zum Ziel, die Holzchalets zu finanzieren, die wir auf unserem Gelände bauen wollten. Auf die Idee hatten uns indirekt die Ermittler der Grenzpolizei gebracht, die nach der Durchsuchung unser Camp für gesundheitsschädlich erklärten. Ja, die Bedingungen waren unwürdig, aber das war ja der Grund unserer Forderungen. Es war der Staat und nur der Staat, der für die Unterbringung sorgen musste, sicher nicht die Bürger. Doch da der Staat sich nicht darum kümmerte, versuchten wir, unsere Bedingungen zu verbessern.

Rémi richtete sich wieder auf, die Brille schief auf der Nase: »Welche Summe wollen wir erreichen?«

»Viertausend.«

»Achttausend.«

Die Auktion kletterte bis auf elftausend Euro. Dann rief Kamal, ohne zu wissen, worum es ging: »15 000.«

»15 000 zum Ersten, 15 000 zum Zweiten, 15 000 zum Dritten, gekauft! Monsieur Kamal, Sie haben die historische Kampagne für die kleinen Hütten zum Abschluss gebracht, die uns sicher neuen Ärger einbringen wird.«

Wir glaubten ehrlich gesagt nicht, dass wir das schaffen würden, doch der Zähler kletterte von Stunde zu Stunde. Am nächsten Tag waren es zehntausend, dann fünfzehn-, zwanzig-, vierzigtausend. Zum Schluss waren es 65 000 Euro, und wir malten uns schon aus, wie sich die Bullen die Hände rieben. »Sobald er kassiert, lochen wir ihn ein!«

Blockiertes Geld

Wir schufen eine neue Struktur, DTC für Défends ta citoyenneté (Verteidige deine Staatsbürgerschaft) – nicht Dans ton cul (Dir in den Hintern), die andere mögliche Bedeutung der drei Buchstaben. Sie vereinte effiziente junge Leute aus dem Tal und Bürger in Nizza, die gewohnt waren, *shebabs* bei sich aufzunehmen. Es herrschte Vertrauen, anders als ich es bei Roya citoyenne hatte beobachten können. Weit entfernt von den nutzlosen Streitereien und der Schwerfälligkeit dort, glichen unsere Versammlungen Apéros unter Freunden.

Doch ein Salzkorn verdarb uns die Laune.

»Cédric, die Hüttenspenden sind blockiert!«, rief Marion eines Morgens.

Die Abgeordneten von der extremen Rechten hatten die Sperrung verlangt, da unsere Aktion zugunsten »illegaler Immigranten« ein gesetzwidriges Ziel verfolge. Leetchi hielt uns wochenlang hin und weigerte sich, das Geld auszuzahlen. Die Plattform vermied es sorgfältig, uns schwarz auf weiß den Grund für die Blockierung mitzuteilen. Ein Anruf brachte die Lösung. Entweder zahlte sie uns den Betrag aus, oder wir informierten die Medien. Die Drohung wirkte, wie so oft in solchen Fällen.

Das Geld floss in die Hütten, in Duschen, die Küche und unsere juristischen Aktionen. Die Grenzpolizei listete in ihrem Bericht vom Oktober 2019 die »Vorteile« auf, die mir so zuteil geworden seien: »Verbesserung der Lebensbedingungen« auf dem Gelände, »darunter Trocken-WCs«. Die verdankten wir zum Teil auch ihren Ermittlern und deren Drohungen, uns wegen unwürdiger Unterbringungsbedingungen anzuklagen. Sollten wir ihnen danken?

44. Humanitäre Touristen

Sie sind an drei Merkmalen zu erkennen: Sie kommen unangemeldet, mit leeren Händen und sie möchten einen »Migranten« treffen. Humanitäre Touristen tauchen nur im Sommer auf. Sie fahren Hunderte Kilometer, um das Elend zu entdecken, dem sie oft schon vor ihrer Haustür begegnen könnten. Ob Studenten, Forscher oder schlicht Zivilisten, sie unterscheiden schnell zwischen (weißen} Helfern und (schwarzen) Opfern, womit sie die Leute rassisieren, ohne sich dessen bewusst zu sein, genau wie die Polizisten und Gendarmen. An die Schwarzen wenden sie sich wie an Schwerhörige oder Behinderte, mit einer Menge Fragen, die wir sorgsam vermeiden:»Woher kommen Sie? Und Libyen? Und das Boot? Und die Polizei? Und Ihre Familie?«

Unsere Jungs verdrücken sich. Keine Lust, sich beglotzen zu lassen wie im Zoo oder auf einem pädagogischen Bauernhof, in dem die Sudanesen den Platz der Ziegen einnehmen. Nur Youssef, unser Koch, bietet ihnen trotzig die Stirn. In seinem unbeholfenen Frenglish wirft er ihnen an den Kopf, er stamme aus … Breil-sur-Roya. Jaja. Und dann droht er ihnen, als wären sie selbst *shebabs:* »Hier keine Zickzacks, oder you Problem mit mir!«

Die Typen sind mehr und mehr verunsichert. Manche, die nach einem Heilmittel für ihre existenzielle Krise suchen, träumten davon, sich hier langfristig niederzulassen, als Retter aus dem Elend, Tutor von Migranten, die zwangsläufig schwach und unreif sind. Sie verstehen nicht, dass wir sie nicht mit der Wärme aufnehmen, die wir den *shebabs* vorbehalten. Ihre Enttäuschung ist deutlich, wenn sie bei mir vergeblich eine Spur von Empathie, Mitleid, Hingabe oder was weiß ich suchen. Dann sagen sie sich, die Wohltätigkeit sei auch nicht mehr, was sie mal war. Stimmt genau. Hier praktizieren wir Solidarität, nicht Infantilisierung. Die Exilierten schätzen das, die Touristen nicht.

Im Kontakt mit ihnen wurde mir klar, dass nicht nur die Hasserfüllten rassistisch sind. Willy, einer unserer Freiwilligen, bekam das zu spüren. Er ist Franzose und hat mehrere Diplome, aber weil er schwarz ist, kann er nur ein armer, ungebildeter Migrant sein.

»Gu-ten Tag, wie hei-ßen Sie?«, spricht ein Besucher ihn an.

»Willy.«

»Und wo-her kom-men Sie?«

»Paris.«

»Ja, a-ber vor-her?«

»Na, ich bin in Paris geboren.«

Am Anfang stehen immer die besten Absichten. Da Willy mit den Exilierten Französisch lernte, erregte sich ein Besucher – immerhin ein Freund: »Wenn man das auch in den Banlieues machen würde, gingen vielleicht weniger Jugendliche nach Syrien. Das würde diesen verlorenen Jungs Möglichkeiten eröffnen.« Darin zeigte sich seine Vorstellung von den »Schwarzen«: zwangsläufig aus der Banlieue, natürlich unterqualifiziert und potenzielle Straftäter oder Terroristen. Er sieht sich nicht als Rassisten, im Gegenteil, er kämpft täglich gegen diese Geißel.

Der Mensch verblüfft mich oft, so unangepasst an unseren schönen Planeten und hässlich, wie er ist. Als ich klein war, hörte ich von meinen christlichen Cousins, die mich zu bekehren versuchten: »Gott ist die Liebe, er hat den Menschen nach seinem Bild geschaffen.« Der Mensch ist ein Lügner, gewalttätig, ein Krieger, Materialist und Egoist. Mir sind Katzen und Hunde lieber, auch wenn sie durch das Zusammenleben mit den Menschen ihnen schließlich ähnlich werden.

45. Ein schick angezogener Schleuser

September 2017. Neue »Überraschung«, ausgeheckt von der Grenzpolizei in Cannes. Ein Gendarm in Breil hat mich und Kamal, eine der Säulen des CCH, wegen einer »unbedeutenden« Sache vorgeladen. Da wir solche »unbedeutenden« Vorladungen, die im Polizeigewahrsam enden, gewöhnt sind, lassen wir unsere Telefone an einem sicheren Ort, damit sie nicht beschlagnahmt und nie zurückgegeben werden – wie die fünf letzten. Im Polizeiposten empfängt uns mein Kumpel mit der tätowierten Wade mit der folgenden Punchline, die er vermutlich stundenlang vorbereitet hat: »Endlich werden wir dich ficken und in den Knast stecken, dich einlochen wegen Freiheitsberaubung, Todesdrohung mit Waffengewalt, schwerer gemeinschaftlicher Körperverletzung, vielleicht wegen sexueller Übergriffe auf Minderjährige.«

Ich antworte liebenswürdig: »Ich bin tief gerührt über Ihre Überraschungsparty, aber ich fürchte, ich werde nicht dabei sein können!«

Mein kleiner Scherz ist ein totaler Flop. Der Polizist droht, mir gleich »den Arsch aufzureißen«, dann teilt er uns mit, dass wir in Polizeigewahrsam genommen werden – in meinem Fall zum siebten Mal in diesem Jahr, wenn ich richtig gezählt habe. Die Gesichtsfarbe der Gendarmen aus Breil, mit denen wir im

Zuge des vereinbarten Verfahrens regelmäßig zusammenarbeiten, schwankt zwischen Blassgelb und Scharlachrot. Sie müssen mit der Grenzpolizei kooperieren, die sie aufgrund ihrer komplett entgegengesetzten Methoden verabscheuen – was umgekehrt genauso ist. Man stelle sich die Gendarmen in Saint-Tropez vor, die mit den Polizisten aus dem Film *Dobermann* zusammenarbeiten! Das wäre wie eine Mischung aus Marcel Pagnol und Luc Besson.

Denunziation und Bedauern

Direkt nach meiner Verhaftung in Cannes war ein junger Äthiopier im Camp angekommen, ein Schleuser. Er kam zum dritten Mal zu uns, und Kamal hatte seine »Kunden« identifiziert. Der Mann benutzte offenbar das CCH für sein Geschäft und um sich auszuruhen, zu essen und zu duschen, bevor er wieder nach Ventimiglia aufbrach, um die nächste Gruppe herzubringen. Dass er Leute »transportierte«, ging ja noch, aber dass er das Camp für sein kleines Business benutzte, empörte uns.

Kamals Entdeckung, dass er Telefone in Olivenbaumstümpfen versteckte, war dann der Tropfen, der das Fass zum Überlaufen brachte. Jemand schlug vor, ihn anzuzeigen; ich war dagegen. Dilemma. Da wir immer noch von der Polizei überwacht wurden, befürchteten wir, als Komplizen angeklagt zu werden, wenn wir nichts taten. Das CCH-Team stimmte ab, und die Mehrheit war dafür, die Gendarmen anzurufen, gegen meinen Rat.

»Behaltet ihn da, bis wir kommen«, antworteten die Beamten.

»Und was machen wir, um ihn ›dazubehalten‹?«

»Lasst euch was einfallen!«

Der Tag verging, ohne dass etwas passierte. Um sechs Uhr

abends verloren wir die Geduld und gaben vor, ihn zum Bahnhof zu bringen. Im Auto vermischte sich der Geruch der Lüge mit dem der Angst. Als Waxaaley die Uniformen sah, erkannte er die Falle. Er warf uns einen desillusionierten Blick zu. Wir senkten die Augen. An die Stelle von Wut und Abscheu war Scham getreten.

In dem anschließenden Schnellverfahren bestritt er die Fakten, bekam jedoch acht Monate Gefängnis. Ich versuchte noch, als Zivilkläger zugelassen zu werden, um ihn zu schonen, aber das Gericht in Nizza lehnte ab. Ich bedaure bis heute, dass wir das gemacht haben. Wir hätten ihn ohrfeigen und dann abhauen lassen sollen.

»Das wahre Wesen von Herrou«

Einige Monate nach der Inhaftierung von Waxaaley besuchte ihn ein Polizist von der Grenzpolizei Cannes, der mit Ermittlungen zu meinen Aktivitäten beauftragt war, im Gefängnis. In einem Gesprächsprotokoll sammelte er, was er als »schwere und von dem Ermittlungsverfahren der Gendarmerie in einigen Punkten bestätigte Anschuldigungen« präsentierte. In seinem Bericht vom Herbst 2019 bedauerte der Ermittler, dass diese Anschuldigungen beim Gericht in Nizza »kein Gehör« fänden. Im Klartext, er beklagte die Untätigkeit der Justiz. Für ihn war Waxaaley ein »Opfer«, und wir waren die Schuldigen, die diesen »armen Teufel« zehn Stunden lang seiner Freiheit beraubt hätten. Der Polizist beharrte auf seinen Anschuldigungen, die in seinen Augen »das wahre Wesen von Herrou offenbarten«. »Diese Person mag manchen großherzig und wohlwollend erscheinen, aber das ist er nur gegenüber einer bestimmten Kategorie von Menschen«, schrieb er.

Die widersprüchlichen Aussagen von Monsieur Waxaaley

»Ihr habt ihm Gewalt angetan, weil er ein Christ ist und du für die Moslems bist. Deshalb hast du erfunden, dass er ein Schleuser ist, um ihn wegen seiner Religion zu bestrafen.« Das waren die ersten Worte des Bullen.

Aber die Polizisten irrten sich. Die Religion hatte für uns keinerlei Bedeutung. Der Schleuser konnte Moslem, Katholik, Hinduist, Atheist, weiß, schwarz, gelb oder grün sein, das kümmerte uns nicht

Anschließend durchsuchten sie in Cowboy-Manier den Campingplatz. Sie schlitzten Zelte auf, zertrümmerten die Rücklichter eines Wohnwagens, warfen Willys Telefon in den randvollen Trinknapf des Hundes, weil er sich über diese Gewalt aufregte. Wir haben wegen der Beschädigungen geklagt, aber der Staatsanwalt in Nizza leitete keine Untersuchung ein.

»Monsieur Waxaaley stellt Strafanzeige wegen gemeinschaftlich begangener Freiheitsberaubung und bewaffneter Todesdrohung«, erklärte uns ein eher höflicher Beamter der Grenzpolizei Menton – was mal eine Abwechslung war. »Er wirft Ihnen sexuelle Übergriffe an Migranten und Minderjährigen vor. Waxaaley zufolge schlafen jede Nacht vier Minderjährige bei Ihnen im Bett, Sie durchsuchen jeden Neuankömmling nackt, Sie hätten ihn in Ihrem Keller mit einem Gasbrenner gefoltert, ihn geschlagen, mit einer Pistole bedroht und nackt an einen Baum auf Ihrer Terrasse gefesselt und stundenlang mitten in der Sonne stehen lassen.«

Fünf Beamte nacheinander hatten Waxaaley verhört, dessen Anschuldigungen bezüglich Schweregrad und Logik je nach Gesprächspartner variierten. Da war etwas faul. Nur eine Gegenüberstellung konnte das aufklären.

»Los, hoch den Arsch und mitkommen!«, sagte der Bulle, der mich aus der Zelle holte.

Kamal, vom Gebrüll der Bullen eingeschüchtert, hatte »die Gewalttaten an Waxaaley zugegeben«, wie ein Ermittler sagte. Was hatte er sich ausgedacht, um ihnen zu entkommen? Er hielt den Kopf gesenkt, hatte Angst. Ich zwinkerte ihm zu, um ihn zu beruhigen. Und da mir Waxaaley, frisch eingekleidet, zu schick für einen Häftling erschien, rief ich meinem Anwalt zu: »Zia, glaubst du, dass die Bullen ihm auch einen neuen Slip gekauft haben?«

»Waxaaley sagt, er habe das schon angehabt, als er bei Ihnen war«, protestierte der Dolmetscher.

Ich sah die Verlegenheit einiger Polizisten und setzte noch einen drauf: »Haben Sie ihn wenigstens nicht bezahlt?«

Monsieur Waxaaley zog die Vorwürfe der sexuellen Übergriffe und Drohung mit Waffengewalt zurück, aber er blieb dabei, dass wir ihn der Freiheit beraubt und ihm Gewalt angetan hätten. Kamal gestand, dass er ihn geschubst hatte; ich protestierte und hob die Widersprüche unseres Anklägers hervor. »Er behauptet, ich hätte ihn gefoltert und an einen Baum gefesselt. Dann sei er in einem Keller gefoltert worden. In einer anderen Aussage war es in der Küche.«

»Das ist tatsächlich unklar«, gab der Polizist zu.

»Monsieur Waxaaley sagt, dass Sie ihn tatsächlich in der Küche verhört, dann draußen geschlagen und mit einer Waffe bedroht haben«, erklärte der Dolmetscher.

Wieder änderte er seine Version.

»Ich stelle fest, dass er wieder von einer Waffe redet. Wenn die Szene sich auf der Terrasse abgespielt hat, könnten das viele Personen bezeugen.«

Der Polizist fiel mir ins Wort: »Die Leute, die bei Ihnen sind, zählen nicht, sie könnten Ihre Komplizen sein.«

»Ich rede von den Gendarmen, die uns Tag und Nacht durch Feldstecher beobachten. Ich verlange, dass sie gehört werden.«

Das wirkte. Man ließ uns frei, ohne irgendwelche Folgen. Wieder dreißig Stunden Polizeigewahrsam für nichts und wieder nichts, außer um mich unter Druck zu setzen und allen die Zeit zu stehlen. Die Bullen und die Justiz schienen zu allem bereit, um uns zu diskreditieren.

Ich denke noch oft an Monsieur Waxaaley. Hatten die Bullen ihm etwas für seine Strafanzeige gegen uns versprochen, Papiere oder die Befreiung aus dem Gefängnis?

46. Die Niedergeschlagenheit der *shebabs*

In den Bergen sind nachts keine Schreie mehr zu hören und keine Lichtstrahlen mehr zu sehen. Ende der Menschenjagd. Die Gendarmen langweilen sich.

»Nix los hier, Chef!«

Sie starren stundenlang ins Leere oder richten ihre Feldstecher auf meine Würmer pickenden Hühner. Sogar Tschen, unsere Hündin, langweilt sich. Keine Jugendlichen mehr, die plötzlich wie der Wind auftauchen, keine Augen mehr, in denen der Wunsch zu leben brennt ... Das Tal ist wieder ruhig wie vor dem Chaos. Europa hat die Lösung gefunden: Es bunkert sich ein. Der Strom der Migranten wird im Mittelmeer abgeblockt; die Menschen ertrinken oder werden nach Libyen zurückgewiesen, aus den Augen, aus dem Sinn. Nicht mehr nötig, in Ventimiglia, Menton oder im Royatal durchzugreifen, unsere bäuerliche Unterpräfektur verliert ihre Anziehungskraft. Die wie durch ein Wunder Geretteten, die in Italien an Land gehen, nehmen weniger gefährliche Wege, um in den Rest Europas zu gelangen.

Die Ruhe untergräbt die Moral unserer »Dauergäste«, sie zerfrisst ihnen buchstäblich das Hirn. Solange sich die *shebabs* für die anderen eingesetzt hatten, ging es ihnen gut; sie waren fröhlich und optimistisch. Sind sie hingegen nur mit sich selbst beschäftigt, lassen sie den Kopf hängen, die schlimmen Erinnerungen suchen sie heim. Psychologen würden sagen, sie sind in einem »posttraumatischen« Zustand. Ich bin kein Psychologe und finde kein Wort, das ihren Schmerz heilen könnte.

Die kollektive Depression zieht auch mich runter. Die Zeit der Notunterbringungen ist einfacher gewesen, selbst wenn wir überlaufen waren. Mit der Ankunft bei uns hatten sie eine Etappe bewältigt, sie waren froh, als menschliche Wesen respektiert zu werden. Doch jetzt versinken die *shebabs*, die sich zum Bleiben entschlossen hatten, ins Grübeln. Die einzige Lösung wäre, sie zu beschäftigen, damit sie weiterhin das Gefühl haben, gebraucht zu werden. Aber da sie Asylbewerber sind, verbietet ihnen das Gesetz zu arbeiten. Wenn ich sie gegen Bezahlung im Camp beschäftige, riskiere ich strafrechtliche Verfolgung; die Justiz würde mich sicher nicht übersehen.

Den ganzen Tag lang scrollen sie auf ihren Telefonen herum, um sich ihre Dosis Facebook zu holen. Der Anblick regt mich auf und macht mich traurig. Sie gleichen Junkies, die ihr Crack auf einem Stück Alu erhitzen, hirnverbrannt, als wären sie lobotomisiert. Was ist aus meiner Truppe geworden?

Babakars Albträume

Die Folterungen, die Babakar in seinem Heimatland oder in Libyen erlitten hat, kommen wieder hoch. Ich sehe es, wenn seine Lippen weiß werden und zittern. Sein Gesicht wird länger, als wäre sein Unterkiefer ausgerenkt. Er wird leichenblass. Unter seiner Haut scheint kein Blut mehr zu zirkulieren; sie schwillt an. Sodbrennen verusacht ihm Hustenanfälle, sein Kopf bewegt sich langsam von rechts nach links, als spähe er nach einem tschadischen Soldaten oder libyschen Folterer. Die Vergangenheit kehrt in Flashs zurück: die Wüste, der Krieg, die

Angst, der Hunger, die verlorene Frau oder Schwester. Babakar spürt, dass er abstürzt, er versucht, sich an die Realität hier und jetzt zu klammern.

»Ich bin nicht in Libyen, sondern in Frankreich. Beweis: Cédric ist hier, die Zeitungen sind in französischer Sprache, die Soldaten können nicht hierherkommen. Ich muss keine Angst mehr haben.«

Doch solche lichten Sekunden sind nicht von Dauer. Sein Bewusstsein irrt wieder ab. Er erlebt die Szene in Libyen wieder, wie er mit den Füßen an einer Zellendecke hängt. Sein herabhängender Kopf pendelt, Blut tropft ihm aus dem Mund und in dünnen Fäden auf den Boden, wo es sich purpurn färbt, fast schwarz, und die Schuhe seines Folterers bespritzt. Der Mann, vom Anblick des Leidens erregt, atmet heftig. Er ist der Herr, allmächtig.

Neben ihm schnurrt ein Stromaggregat wie eine zufriedene Katze. Zwei Kabel kommen heraus, ein rotes und ein schwarzes. Sie laufen zwischen den Beinen des Mannes mit den bespritzten Schuhen hindurch, dann am geronnenen Blut und der großen Speichelpfütze vorbei und weiter wie Schlangen Babakars Arm hinauf. Das schwarze Kabel verschwindet in seinem Mund, das rote in einem mit dem Skalpell beigebrachten tiefen Schnitt in seinem Unterarm. Eine Metallklammer ist direkt an die offene Sehne geklemmt. Sie verbindet Babakar mit dem schnurrenden Tier.

Der Folterer betätigt den Schalter, der Strom fließt, Babakars Körper krampft. Die Muskelkrämpfe dauern lange Sekunden, dann erschlafft er wie ein nasser Lappen, der auf den Boden tropft. Wieder tritt Stille ein, nur unterbrochen vom Lachen des Mannes, der befriedigt und ungeduldig ist. Sobald Babakar zu Bewusstsein kommt, wird der Mann wieder anfangen.

Seelische Zusammenbrüche

Unsere Dauergäste werden in die Präfektur vorgeladen. Das Dublin-Abkommen hat zugeschlagen: Sie müssen zurück nach Italien, das angeblich als einziges Land zur Bearbeitung ihres Asylantrags berechtigt ist. Ein absichtsvoller Härtetest, wie es scheint. Man legt den Geflüchteten jede Menge Steine in den Weg, um die Daheimgebliebenen zu entmutigen, um die berüchtigte »Sogwirkung« zu vermeiden. »Lasst euch nicht dazu verleiten, ins Exil zu gehen. Es ist die Hölle.«

Wofür sollen sie sich jetzt entscheiden? Den Schritt zurück können sie nicht akzeptieren. Sie bleiben lieber in Frankreich, selbst wenn sie in die Illegalität gedrängt werden. Bei uns zu bleiben ist unmöglich, sie würden verhaftet werden. Einer kommt bei einer Gastfamilie in Nizza unter, andere in einer Emmaüs-Gemeinschaft, bevor sie nach Belgien, Deutschland oder England verschwinden. Zum Glück kehren die meisten nach Frankreich zurück und werden als Flüchtlinge anerkannt. Ende der Tortur? Leider nein.

Manche verlieren in dem Moment den Boden unter den Füßen, wenn sie endlich einen geregelten Aufenthaltsstatus erhalten. Der Asylantrag hatte sie in Atem gehalten, und plötzlich tut sich ein Abgrund vor ihnen auf. Sich ein neues Leben aufbauen, wieder ein Mensch wie alle anderen werden – sie stehen plötzlich vor Herausforderungen, auf die sie nicht vorbereitet sind.

Die ersten Symptome sind manchmal banales Bauchweh oder Sodbrennen, psychosomatische Störungen, mit deren Deutung die Allgemeinmedizin sich schwertut. Um sie zu behandeln, müsste man ihre Erlebnisse weit zurückverfolgen, von der Durchquerung Europas zur Überquerung des Mittelmeers, von Libyen bis ins Herkunftsland zurück. Aber niemand macht sich diese Mühe. Sie bleiben Gefangene ihrer Leiden.

Das System ist grausam, es produziert gebrochene Männer und Frauen. Doch unsere Regierungen verfügen: »Integriert euch!«

Integrieren in was? Ins Geduztwerden durch Polizei und Präfekturbeamten? In die Quechua-Zelte, die auf dem kalten Pariser Straßenpflaster oder in den nassen Wäldern von Calais aufgestellt wurden, mit Tränengas als Wecker? In Schwarzarbeit für zwanzig Euro am Tag? Selbst wenn sie Papiere haben, finden viele weder eine Unterkunft noch Arbeit und müssen weiter auf der Straße überleben. Noch schlimmer ist es für diejenigen, deren Asylantrag abgelehnt wurde und die als Papierlose dazu verdammt sind, schutzlos in Armut und Elend umherzuirren.

Hinter den Kulissen geben die Präfekturbeamten zu, dass die Situation »nicht gut für Frankreich« sei. »Wenn wir pragmatisch wären, würden wir allen Papiere geben, nicht aus Humanismus, sondern um die öffentliche Ordnung zu bewahren. Aber dann hätten wir schon bei den nächsten Wahlen die extreme Rechte an der Macht.« Doch die Politik glaubt weiter, das Problem wie bisher loswerden zu können. Aber es besteht fort.

47. Ismaël oder die libysche Hölle

Ismaël ist Sklave in Libyen, er reißt nachts asphaltierte Straßen auf. Er holt dicke Stromkabel heraus, die er erhitzt, um die Ummantelung zu entfernen. Ein paar Libyer sammeln das Kupfer und verkaufen es auf dem Schwarzmarkt. Eines Abends ist Ismaël von Müdigkeit und Hitze erschöpft und macht eine Pause. Die Bewohner eines nahe gelegenen Barackenlagers laden ihn zum Abendessen ein. Ismaël nimmt an. Ein Funken Menschlichkeit, so selten in diesem Land, wo die Schwarzen wie Schafe behandelt und in Herden zusammengepfercht werden. Westafrikaner wie er werden gefoltert, Ostafrikaner als Geiseln genommen und ihre Familien erpresst. Viele sterben namenlos; die anderen überleben um den Preis von täglichen Demütigungen oder Schlimmerem.

Die Menschen in den Baracken sind wie Ismaël, Studenten, Bauern oder Apotheker, sie haben eine Familie und jede Menge Pläne, als der Krieg, die Diktatur oder das Elend sie plötzlich aus ihrem Zuhause vertreibt, ohne dass sie wissen, wohin es sie verschlagen wird. Als sie in der Wüste ankommen, wird ihnen klar, was ihr Leben wert ist: nichts mehr. Der Liter Wasser ist wertvoller als der Liter Blut. Dann klammern sie sich fest. Jeder weitere Tag, den sie am Leben sind, ist ein Sieg. Doch der hat einen Preis.

Das Essen, zu dem Ismaël eingeladen war, ist ein Regelverstoß. Als sein libyscher Boss davon erfährt, zündet er zur Vergeltung die Baracken an. Ismaël ist überzeugt, dass das seine Schuld ist, und macht sich Vorwürfe. Ein anderer Libyer findet die Tat niederträchtig und schießt dem Brandstifterboss eine Kugel in den Kopf. Ismaël sieht diese Wildwestjustiz sprachlos mit an und geht wieder an seine Arbeit. Pause machen ist verboten, selbst als sein bester Freund bei der Zwangsarbeit vom Dach fällt und seine Leiche in den Fluss geworfen wird, ohne Gebet und Beerdigung.

Kentern

Nach zwei Jahren dieses Albtraums weiß Ismaël, dass er übers Mittelmeer muss, wenn er überleben will. Weil er kein Geld hat, um Schleuser zu bezahlen, betet er zu einem Gott, an den er schon lange nicht mehr glaubt, und stürzt sich ins Wasser. Wie durch ein Wunder taucht in der finsteren Nacht ein Schlauchboot auf und fischt ihn heraus. An Bord erkennt er seine Retter, sie kommen aus dem niedergebrannten Lager.

Er hat Mühe, auf dem schwankenden Boot einen Platz zu finden. Zweihundert Personen drängen sich dort in den Benzindämpfen. Nur wenige können schwimmen. Diejenigen, die einen Gott haben, beten, die anderen werden gläubig und beten auch. Das Boot hält aufs offene Meer zu, die kabbelige See bestimmt den Rhythmus der Gebete, die wie ein Echo der Fluten von ihren Lippen kommen. Der Motor fängt an zu stottern und geht aus. Kein Benzin mehr. Die Menschen sind schlagartig still.

Das Boot treibt ab. Die Schiffe in der Ferne wenden ohne Scham den Blick ab und verschwinden am Horizont. An Bord ist die Hoffnung nur noch ein schöner Traum, als endlich ein orange-weißes Schiff näher kommt und seine Beiboote zu Wasser lässt. Ein Lautsprecher gibt Anweisungen auf Arabisch, Ismaël kann kein Arabisch. Dann auf Englisch, Ismaël kann kein Englisch. Schließlich hört er Französisch, die einzige Sprache, die er als Kind gelernt hat. Rettungswesten werden ihnen zugeworfen.

Ohne abzuwarten, springen einige über Bord, um als Erste gerettet zu werden. In Augenblicken wie diesen folgen wir nur unserem Instinkt, und der befiehlt hier das Falsche. Durch ihre Bewegungen aus dem Gleichgewicht gebracht, beginnt das Boot zu schaukeln, bekommt Schlagseite und kentert. Die Unglücklichen treiben schreiend im Wasser. Die Muskulösesten mit ihren schweren Knochen gehen zuerst unter, die anderen klammern sich an eine ausgestreckte Hand, an einen im Wasser treibenden Körper, an eine orange Schwimmweste. Zum Glück ertrinken nur wenige.

Ismaël erreicht Italien. Dort behandelt man ihn wie ein Paket. Zwei Jahre ohne Papiere, denn die Verwaltung ist überlastet. Froh, noch am Leben zu sein, beschwert er sich nicht. Als billiger Arbeitssklave zieht er von Lager zu Lager, von Feld zu Feld. Immer noch besser als Libyen, sagt er sich abends beim Einschlafen, wenigstens droht ihm hier nicht mehr der Tod. Doch Matteo Salvini, rechtsextremer Parteiführer und gerade Innenminister geworden, lässt die Aufnahmelager schließen. Die Stimmung auf der Straße schlägt um, Schwarze werden beschimpft, sind wieder unerwünscht. Die einzige Lösung ist, weiterzuziehen ins Ungewisse. Ismaël schafft es bei Briançon über die Berge nach Frankreich und dann hinab ins Royatal. Bei uns findet er Frieden.

Das Meer begräbt alles

Zwei Jahre nach Ismaëls Rettung auf hoher See verbietet die EU den Einsatz von Rettungsschiffen im Mittelmeer. Die wenigen Seenotretter, die trotzdem weitermachen, dürfen keine italienischen Häfen mehr anlaufen; mit ihrer Fracht von Exilierten treiben sie tagelang ziellos auf dem Meer, ohne einen Hafen, wo sie sie an Land setzen können. Die EU lässt die Geflüchteten lieber sterben, als sie aufzunehmen. Ein cleverer Schachzug, niemand mehr kommt zum Campingplatz Cédric Herrou. Dort hätten wir den Zustrom menschlich gemacht, wir hätten sie mit Namen angeredet und ihnen ein Lächeln geschenkt, ihnen geholfen, zu ihren Rechten zu kommen. Doch das Meer begräbt alles.

Seit Männer wie Ismaël mir von den Qualen ihrer Überquerung erzählen, hast du, mein Mittelmeer, den schrecklichen Geschmack von Blut, Terror und Unglück angenommen. Deine Wellen wiegen mich nicht mehr, ohne dass ich an die Zehntausende von Herzen denke, die dort verstummt sind. Jetzt stehst du im Verdacht, Verbrechen gegen die Menschheit zu begehen, doch ich verteidige deine Unschuld: Du bist weder Komplizin noch schuldig, du bist nur Zeugin der Gleichgültigkeit. Deine Rolle ist es, Menschen zu ernähren, nicht sie zu verschlingen. Verantwortlich sind die, die auf die »falsche« Hautfarbe Jagd machen.

48. Gesetzlich anerkannte Brüderlichkeit

»Der Verfassungsrat hat die Brüderlichkeit als Verfassungsgrundsatz anerkannt! Großartig, ein historisches Datum! Dein Name wird in allen Gesetzbüchern stehen!«

Als Serge Slama mich anrief, war er bewegt und begeistert. Der Professor für Staatsrecht und profunde Kenner des Ausländerrechts ist oft über meine verrückten Hühnerzüchterstrategien erschrocken. Doch diesmal nicht. Die ungeheure Tragweite der Nachricht rührte ihn fast zu Tränen.

»Aus dem Grundsatz der Brüderlichkeit folgt die Freiheit, aus humanitären Gründen jedem Menschen zu helfen, ungeachtet der Rechtmäßigkeit seines Aufenthalts auf französischem Staatsgebiet«, hatten die Weisen des Verfassungsrats an diesem 6. Juli 2018 per Erlass verkündet. Zwar war das »Solidaritätsdelikt« nicht aufgehoben, sondern nur eingeschränkt, doch die »humanitäre Immunität« wurde bestätigt und die Freiheit zu helfen bekräftigt.

Es war sehr heiß an diesem frühen Nachmittag, ich freute mich schon jetzt auf den abendlichen Drink. Ich war erstaunlich ruhig. Wahrscheinlich war mir noch gar nicht richtig klar, was für eine gigantisch lange Nase wir damit all denen gedreht hatten, die so zahlreich und feindselig Jagd auf mich machten. Auf meinem Mobiltelefon las ich die Schlagzeile des politischen

Wochenmagazins *Le Point*: »Cédric Herrou, der Mann, der die Brüderlichkeit in die Verfassung brachte.«

Die Richter betonten, die Devise der Republik, Freiheit, Gleichheit, Brüderlichkeit, sei ein »gemeinsames Ideal«, auf das das Gesetz sich stützen müsse. Wie hätte ich da nicht sofort an die zahllosen Strapazen, Demütigungen, unerträglichen Ungerechtigkeiten, Beleidigungen und Drohungen denken sollen, denen ich seit Jahren ausgesetzt war? Über Monate hinweg beschränkte sich mein nächtlicher Schlaf auf drei kurze Stunden. Ich wurde wie ein Terrorist oder Mafiaboss behandelt, während ich einfach nur die Grundsätze unserer Republik verteidigte.

Bald würden die Jurastudenten meinen Namen in ihren Annalen entdecken, ebenso wie die Richter, die mich verurteilt hatten. Ein Typ, der nicht einmal Abitur hatte, hatte die Verfassung verändert. Trotzdem blieb ich ein einfacher Bürger. Mein Einkommen? Die Hälfte des Mindestlohns. Mein Auto? Eine über zwanzig Jahre alte Rostlaube. Mein Palast? Dreißig schlecht isolierte Quadratmeter.

Aufgrund einer einwanderungsfeindlichen Ideologie hindern Regierung und Staat die Bürger daran, der französischen Devise entsprechend zu handeln. Jetzt hatte der Verfassungsrat daran erinnert, dass die Gesetze die Grundwerte der französischen Republik nicht missachten dürfen. Da Migration nicht als Störung der öffentlichen Ordnung gelten kann, darf die Freiheit, Migranten zu helfen, nicht eingeschränkt werden. Eine Devise bringt auch Pflichten mit sich.

Frankreich, ein Land von Egoisten? Natürlich nicht! Der Film *Libre*, der unserem Engagement gewidmet ist, zeigt, dass es in fast neunzig Städten Solidaritätsnetzwerke gibt, die weitgehend unbekannt sind, da sie sehr diskret arbeiten. In gewisser Weise hat ihnen der Verfassungsrat mit seiner Entscheidung unmittelbar Anerkennung gezollt. Wie auch den Menschen im Royatal, die sich erhoben haben, um unsere zur Banalität verkommene Devise wieder zum Leben zu erwecken.

Die Erfindung einer »Gegenleistung für Aktivisten«

»Ich verstehe dieses Solidaritätsdelikt nicht. Widerspricht es denn nicht der Brüderlichkeit in eurem Wahlspruch?«, fragte im Januar 2017 ein südamerikanischer Journalist meinen Anwalt Zia.

Die ausländische Presse zeigte sich verblüfft. Wie konnte das »Land der Menschenrechte« die Freiheit einschränken, sich brüderlich zu verhalten? Die Fragen brachten Zia auf eine Idee. Mit seinen beiden Kollegen Patrice Spinosi und Nicolas Hervieu arbeitete er zwei dringliche Verfassungsanfragen aus, die schließlich zur Entscheidung des Verfassungsrats vom Juli 2018 führten. Bis dahin war es eine mühsame, manchmal entmutigende, oft nervenaufreibende Entwicklung gewesen. Die Justiz hatte sich dreieinhalb Jahre lang uns gegenüber feindselig gezeigt. Auch heute wieder verfolgte sie mich verbissen, wofür sie eigens das Konzept einer *contrepartie militante* (etwa: Gegenleistung für Aktivisten) erfunden hatte.

Die Staatsanwaltschaft argumentierte, unsere Aktionen verschafften uns politische Vorteile. Mit ihnen könnten wir unseren Kampf voranbringen. Das sei eine »Gegenleistung für Aktivisten«, weshalb uns keine Immunität gewährt werden könne. Doch dieser Begriff kommt im Gesetz nicht vor. Das Gesetz definiert nur die direkte und die indirekte Gegenleistung, die Straffreiheit verhindern, wobei die direkte ein finanzieller Gewinn und die indirekte eine Arbeitsleistung ist. Die Logik dahinter ist klar. Das Gesetz zielt ausschließlich auf Schleuser, die Geld machen oder ausbeuten.»Auf der einen Seite die bezahlte Hilfeleistung der Schleuser, auf der anderen die uneigennützige Hilfeleistung der Empörten, Aktivisten, Engagierten – da kann es keinerlei Unklarheit geben. Gegen sie kann kein Strafverfahren eröffnet werden«, erläuterte Rechtsanwalt Spinosi.

Und weiter: Im Gesetz stehe nichts von einer »Gegenleistung für Aktivisten«. Der von der Staatsanwaltschaft erfundene Begriff schaffe de facto zweierlei Recht. Wenn ich zufällig helfe, bin ich geschützt, wenn ich engagiert helfe, werde ich verurteilt. Anders ausgedrückt: Der Bürger, der wie ich den Mund aufmacht, ist schuldig, wer ihn hält, bleibt straflos. Eine derartige Unterscheidung sei unhaltbar, da Brüderlichkeit »ohne Unterschied sowohl dem Engagement entspringen als auch gelegentlich ausgeübt werden kann«, stellte Spinosi fest.

Der Fall Les Lucioles

Der erste Akt im Februar 2017 war noch milde verlaufen. In erster Instanz erhielt ich eine leichte Strafe, eine Buße von dreitausend Euro auf Bewährung. Obwohl ich mich schuldig bekannt hatte, Exilierte aus Ventimiglia über die Grenze gebracht zu haben, fand das Gericht in Nizza aufmunternde Worte für mich. Es hielt sogar meine Beherbergung und die Besetzung von Les Lucioles für legitim. Angesichts ihrer »unwürdigen Situation und Notlage kann es niemandem zur Last gelegt werden, dass er Migranten aufgenommen und ernährt, ihnen zugehört und sie begleitet hat, um ihnen ihre Würde zurückzugeben«. Das war fast eine Ermutigung. Die Staatsanwaltschaft sah es ganz anders, sie befand die Strafe für viel zu leicht. Sie ging in Berufung.

Der zweite Akt im Juni 2017 verlief weniger günstig für mich. Ich weiß noch, dass der Präsident des Berufungsgerichts in Aix-en-Provence mir am Anfang eine merkwürdige Frage stellte, die mich einen Moment aus der Fassung brachte: »Sie leben allein?«

Meinte er das ernst? Meine Unterstützer im Saal kicherten. Ich beherbergte bei mir Hunderte von Personen; deshalb stand ich ja vor dem Berufungsgericht. Meine Haltung als »unschuldig Schuldiger« säte Verwirrung in den Köpfen des Gerichts.

»Sie bestreiten das Vergehen nicht, aber Sie verlangen Freispruch?!«

Meiner Meinung nach war das vollkommen vereinbar. »Wenn man vor einer roten Ampel steht und hinter einem taucht eine Ambulanz auf, macht man doch Platz und fährt drüber.«

Mein Vergleich missfiel dem Generalstaatsanwalt. »Wofür halten Sie sich, dass Sie ins Migrationsmanagement des Departementspräfekten eingreifen?«, brüllte er und forderte acht Monate Gefängnis auf Bewährung.

Auch als »humanitärer Schleuser« dürfe ich seiner Meinung nach nicht die vom Gesetz vorgesehene Straffreiheit erhalten. Er hielt mir vor, ich hätte nicht bei jedem Einzelnen überprüft, ob seine Situation wirklich unwürdig und er in einer Notlage war. Absurd – es ist Aufgabe der Anklage, konkrete Beweise für den Gesetzesverstoß beizubringen, nicht die des Beschuldigten. In Les Lucioles war kein einziger Exilierter kontrolliert worden, und nichts bewies ihren illegalen Status. Einzig der »staatliche Rassismus«, den ich anprangerte, hielt ihn für selbstverständlich. Wieder einmal wurden die Tatsachen auf den Kopf gestellt. Ein Beigeschmack von »Klassenkampf von oben« hing über der

Anhörung, als riefe die Justiz mir zu: Du, elender Bauer, der du weder Karriere noch Vermögen, noch Macht vorweisen kannst, hast gar nichts zu sagen.

»Strafe zur Mahnung«

Im August 2017 verneinte das Berufungsgericht die Immunität und verfügte eine schwerere Strafe, vier Monate Gefängnis auf Bewährung. »Eine Strafe zur Mahnung«, sagte der Vorsitzende. Meine Hilfe sei Teil eines »pauschalen Protests gegen das Gesetz«, diene »einem Kampf, der keine Reaktion auf eine Notlage ist«, urteilte das Gericht.

Ich war wie vor den Kopf geschlagen. Wie sollte ich ihnen noch deutlicher machen, dass nichts an meiner Hilfe revolutionär war? Ich forderte die Registrierung der Asylgesuche und die Übernahme der unbegleiteten Minderjährigen ja nicht, um die bestehende Ordnung umzustürzen, sondern ich prangerte die Versäumnisse des Staates an. Wie auch ein Whistleblower das System nicht zu sprengen, sondern zu verbessern versucht. Wo bleibt die Demokratie, wenn die Mächtigen alle, die ihnen widersprechen, wie eine Bande illegitimer Idioten behandeln?

Kämen die Immigranten aus Nordeuropa und die sechzehnjährigen Mohameds wären blond und blauäugig, würde sich die Justiz ganz anders verhalten. Ich hatte eine Mordswut im Bauch, nicht so sehr wegen ihrer verbissenen Anklagen gegen mich, sondern weil sie die Fundamente Frankreichs vergessen hatten. Ich erinnere mich, dass ich beim Rausgehen schrie: »Das ist rechtsextremistische Politik! Ich wende mich an Monsieur Macron, er muss Stellung beziehen!«

Wie konnte man die fünfzehn Menschen vergessen, die bei dem Versuch, die Grenze zu überqueren, umgekommen sind? Wie konnte man vergessen, dass die Kinder- und Jugendhilfe mich bat, die unbegleiteten Jugendlichen bei mir zu behalten, bis sie sie abholen könne? »Manche bleiben mehrere Wochen«, hatte meine Mutter der Zeitung *L'Humanité* erklärt. Cédric »ernährt sie, gibt ihnen Obdach, pflegt sie. Man muss sehen, in welchem Zustand sie ankommen. Einige sind gefoltert worden. Und der Staatsanwalt des Berufungsgerichts fordert seine Verurteilung. Das ist unbegreiflich.« Und sie schloss: »Natürlich ist Cédrics Handeln ein politischer Akt – im vornehmsten Sinn des Wortes.«

Die Kette von Prozessen stürzte mich immer mehr in Zweifel. Warum sollte ich mich überhaupt um humanitäre Immunität bemühen? Das bedeutete doch zuzugeben, dass unsere Aktionen illegal waren, der Kontext sie jedoch entschuldigte. Wie kann ein Gesetz im Ausnahmefall »humanitäre Immunität« zulassen? Heißt das nicht zuzugeben, dass dieses Gesetz unmenschlich ist?

Die Anklagebehörde trat das Völkerrecht, die Genfer Konvention und die Schengener Abkommen mit Füßen, indem sie Asylsuchende und Ausländer ohne Aufenthaltserlaubnis in einen Topf warf. Ich hatte das Gefühl zu akzeptieren, dass ich schuldig war und mich um Immunität bemühte, obwohl ich im Grunde davon überzeugt bin, dass der Staat sich der Misshandlung schuldig machte. Nach diesem Prozess beschloss ich, mich nicht mehr hinter der humanitären Immunität zu verstecken. Mein Handeln war legal. Es war die Reaktion auf die rassistisch motivierten Gesetzesverstöße des Staates.

50. »Juristische Belästigung«

Die vier Exilierten aus Italien kamen am 25. Juni 2017 im kleinen Bahnhof Fontan an, einem der ersten nach der Grenze. Sie waren verloren und orientierungslos und hatten nur die Telefonnummer von Georges und Suzel in der Tasche, Mitgliedern von Roya citoyenne, die helfen, wo sie können, wie all die Namenlosen, für die Untätigkeit der unterlassenen Hilfeleistung für Menschen in Gefahr gleichkommt. Als sie den Anruf erhielten, baten sie ihren Sohn Raphaël, die vier zu mir zu bringen, an den einzig sicheren Zufluchtsort.

Der neunzehnjährige Raphaël Faye hat nichts von einem Aktivisten; er war nur behilflich und glaubte gesetzeskonform zu handeln: Er transportierte aus humanitären Gründen und ohne die Grenze zu überqueren. Keine Chance. Unterwegs stieß er auf eine Sperre. Mit vier Schwarzen im Wagen wurde er sofort aufs Korn genommen. Glaubten die Gendarmen, einen Schleuserkanal entdeckt zu haben? Raphaël kam in Polizeigewahrsam; der übliche Mechanismus folgte. Die Staatsanwaltschaft klagte ihn an, das Gericht verurteilte ihn. Drei Monate auf Bewährung, in der Berufung auf zwei Monate reduziert. Wieder einmal wurde mit der verdammten »Gegenleistung für Aktivisten« argumentiert. Blieb die magere Hoffnung auf Revision.

Am 26. Februar 2020 heben die obersten Richter das Urteil

auf. Eine »nicht spontane, aktivistische Aktion im Rahmen einer Bürgerinitiative« schließe die humanitäre Immunität nicht aus, urteilt das Kassationsgericht. Es stützt sich auf das vom Verfassungsrat anerkannte Prinzip der Brüderlichkeit und erläutert den Umfang des gesetzlichen Rahmens. Wenn die Hilfe darauf abziele, die Exilierten den Polizeikontrollen zu entziehen, sei sie strafbar, wenn nicht, sei sie legal. »Damit wird dem Innenministerium endgültig die Waffe des Strafverfahrens (Durchsuchungen, Polizeigewahrsam, Strafverfolgung), um die Mitglieder von Bürgerinitiativen einzuschüchtern, genommen«, wollte Rechtsanwalt Spinosi daher gern glauben.

»Ist es vielleicht dumm und altmodisch, das zu sagen?«

Dieser Fortschritt schien ein gutes Vorzeichen vor dem dritten Akt meiner juristischen Odyssee. Nach Nizza, Aix und Paris wurde der Fall Les Lucioles ans Berufungsgericht in Lyon verwiesen, da meine Verurteilung nach dem Verfassungsbeschluss über die Brüderlichkeit teilweise aufgehoben worden war. Nichts zu hoffen vom Generalstaatsanwalt, der acht bis zehn Monate Gefängnis auf Bewährung forderte und mich einen »Gesetzlosen« nannte, »der sich für die Delinquenz entschieden hat«, und einen »Leader« in der Verfolgung eines »ideologischen und politischen Ziels«. Die Etiketten hingen mir zum Hals raus.

»Die Justiz versteht nicht, dass man ohne Gegenleistung helfen kann. Ist es vielleicht dumm und altmodisch, das zu sagen?«, fragte ich.

»Cédric Herrou hat nur eine einzige Ideologie: Der Staat müsse sich an die Gesetze halten. Ist das gesetzlos?«, fragte meine Anwältin Sabrina Goldman rhetorisch.

Der wohlwollendere Vorsitzende versuchte, mich zu der Erklärung zu drängen, meine Handlungen seien »ausschließlich humanitär«, damit ich in den Genuss der Immunität käme. Ich zögerte. Da sie auch eine Reaktion auf die illegalen Handlungen des Staates waren, fragte ich ihn, was dieses »ausschließlich humanitär« seiner Meinung nach bedeute.

»Monsieur Herrou, ich habe dieses Gesetz nicht geschrieben, meine Aufgabe ist nicht, darüber zu urteilen, sondern es anzuwenden.«

Anders gesagt: wieder ein Text, der von Erbsenzählern geschrieben wurde. Die Erbse sind Sie. Wenn Sie nicht im Gefängnis landen wollen, sagen Sie einfach: »Ja, in einem ausschließlich humanitären Rahmen.«

Schluss mit der »Gegenleistung für Aktivisten«

Mai 2020. Das Berufungsgericht hat mich gehört. Freispruch. »Die Pflicht der Brüderlichkeit wurde ausgeübt, [...] ohne sekundäre Vorteile zu suchen«, begründete das Gericht seine Entscheidung und erinnerte an »die verfassungsmäßige Meinungsfreiheit«.

Es zerfetzte das Konzept der »Gegenleistung für Aktivisten«. Ja, man könne helfen und dazu stehen, ohne sich schuldig zu machen. Sabrina Goldman jubelte über diesen hart erkämpften »Triumph der Vernunft und des Rechts«. Die Richter stimmten all unseren Argumenten zu. Sie monierten, dass der irreguläre Status der in Les Lucioles aufgenommenen Exilierten nicht erwiesen sei. »Keinerlei sachliche Tatsachenfeststellung ist den Verfahrensakten beigefügt worden. Keine der gehörten Personen ist deren Zeuge gewesen«, bemängelten sie.

Eine weitere Schmach! Wie gewöhnlich haben die Bullen ihre Arbeit nicht gemacht. Das wiederholen wir seit Oktober

2016. Endlich hört die Justiz uns zu. Für mich schließt sich der Kreis. Von Anfang an hatte ich das Bedürfnis, zu hören, dass wir richtig handeln. Die Prozesse haben uns ermöglicht, unser Handeln zu erklären und die Institutionen aufzufordern, über das ihre nachzudenken. Durch die Bestätigung, dass wir legal gehandelt hatten, schoss das Berufungsgericht einen Torpedo auf den Staat ab. Wenn ich unschuldig war, als ich gegen das staatliche Handeln kämpfte, dann war dieses Handeln illegal.

Das war zu viel für den Generalstaatsanwalt, der wiederum in Berufung ging – eine weitere Etappe in diesem Verbissenheitszirkus. Das Observatoire pour la protection des défenseurs des droits de l'Homme* nannte es in seinem Blog »juristische Belästigung«.

Ich dachte mir, es wäre doch alles sehr viel einfacher gewesen, wenn man am 25. Juli 2012 auf den Politiker gehört hätte, der empfahl, das Solidaritätsdelikt zu streichen. »Unser Gesetz darf diejenigen nicht bestrafen, die in gutem Glauben eine helfende Hand reichen«, erklärte er vor der Rechtskommission des Senats. Wer dieser gefährliche Linksradikale war? Manuel Valls, der damalige Innenminister.

* Beobachtungsstelle zum Schutz der Verteidiger der Menschenrechte (A. d. Ü.)

51. *Libre*, der Film

Der Dokumentarfilmer Michel Toesca ist ein langjähriger Freund. Er kann nicht besonders viel, aber zu diesem »nicht besonders viel« gehören die Zubereitung einer schmackhaften Pasta alla siciliana, treue Aufmerksamkeit und Ergebenheit für seine Freunde, eine Vorliebe für guten Wein, Birnenschnaps und die kleinen Freuden des Lebens, so als koste er sie das erste oder das letzte Mal. Michel ist ein fast normaler Typ, aber ein bisschen anomal, denn er macht seine Filme nicht wie alle anderen. Die Welt der Filmemacher ist kodiert, sie folgt dem Protokoll. Michel dagegen pfeift auf Codes und das Protokoll, was einen nicht gerade vermögenden Mann aus ihm macht.

2013 hatte er anlässlich eines von den Behörden verhinderten lokalen Referendums einen Dokumentarfilm über die gefahrvolle demokratische Praxis im Royatal gedreht, *Démocratie Zéro6*. 2016 sah ich Michel flüchtig in Ventimiglia in Don Ritos Kirche. Er interessierte sich für die Flüchtlinge und suchte »Helfer« aus dem Tal, um ihre Aktionen zu filmen. Die meisten, auch ich, blieben lieber unauffällig, aber schließlich öffnete ich ihm doch die Tür.

Bordkamera

Michel Toesca kam gleichzeitig mit Adam Nossiter von der *New York Times* ins Camp. Auf Anhieb gefiel mir seine Art, die Kamera laufen zu lassen und ohne vorgefassten Plan zu filmen, und wie diskret er dabei war. Michel sammelt Momente aus dem Leben, sich verflechtende Schicksale, so entstehen seine Filme. Das heißt, sie entwickeln sich eher, fast ohne sein Zutun. Ich mochte es auch, dass er bei unseren Aktionen plötzlich mit seiner ramponierten Kamera auftauchte, die die Bullen zu Unrecht für ein Spielzeug hielten, das höchstens dazu taugte, ein Schulfest aufzunehmen. Michel ist zur Bordkamera unserer Geschichte geworden, wie ein Pfeiler, auf den ich mich stützte, wenn ich den Boden unter den Füßen verlor. Im fröhlichen Chaos seines Kellerstudios betrachteten wir abends die *rushes* – sechshundert Stunden Film! – bei einer Flasche gutem Wein, bis mir vor Müdigkeit die Augen zufielen.

Der Film, *Libre*, kam im September 2018 heraus. Der Titel war kein Anagramm von Breil, wie manche glaubten; so weit waren unsere Überlegungen nicht gegangen. In Frankreich sahen ihn achtzigtausend Menschen und in Italien, Deutschland, Spanien und vielen amerikanischen Universitäten Tausende weitere. Michel, der kleine Filmbastler, hat ihn gedreht.

Beim Festival von Cannes

»Cédric, Cédric! Wir werden die Stufen hochgehen!«

Michels Stimme am Telefon überschlug sich fast. *Libre* war fürs Festival ausgewählt worden. Das haute mich vom Hocker. Wie konnte das berühmteste Festival der Welt einen derart zusammengebastelten Film auswählen? Er sollte 2018 innerhalb der offiziellen Auswahl in einer Sondervorstellung außer Wettbewerb gezeigt werden – ein Rahmen, der gewöhnlich Superstars wie Wim Wenders vorbehalten ist, ein außergewöhnliches Sprungbrett.

So verführerisch die Einladung war, sie machte mich sprachlos, das heißt zugleich froh und abgeneigt, ihr zu folgen, weil mir solche prahlerischen Veranstaltungen nichts sagen. Die Vorstellung, dass Éric Ciotti uns die Stufen hinaufgehen sehen würde, überzeugte mich dann doch. Aber es drohten Hindernisse. Der Präfekt und das Ministerium verlangten, dass *Libre* zurückgezogen werde. Sie wollten verhindern, dass der Film Aufmerksamkeit erregte, und befürchteten, dass wir bei der Veranstaltung einen Skandal provozieren würden.

Sie fanden schließlich eine offizielle Begründung. Der Verleih Jour2Fête (der sich auch um *Merci patron!* von François Ruffin gekümmert hatte) hatte für die Journalisten eine Vorabvorstellung organisiert, eine übliche Praxis, die nach dem Reglement von Cannes jedoch verboten ist. Aber der künstlerische Festivalleiter Thierry Frémaux blieb unbeugsam und erhielt die Einladung aufrecht. »Man kann sich fragen, ob der mehrfach wegen Verletzung des Asylrechts verurteilte Präfekt des Departements Alpes Maritimes, Georges-François Leclerc, sich trauen wird, seinen schönsten Smoking anzuziehen, um der Premiere von *Libre* beizuwohnen«, schrieb die Zeitung *Libération*.

Es hatte schon im Jahr zuvor geknallt, als Frémaux uns einlud. Wir hatten aus Verzweiflung selbst um die Einladung gebeten, denn angesichts der vielen Neuankömmlinge war die Lage im Camp äußerst angespannt. Bei der Festivaleröffnung 2017 hatte der Produzent mit Frémaux darüber geredet, und der beschloss, uns einzuladen. Sobald sich die Nachricht verbreitete, versuchte der Präfekt es zu verhindern. Doch trotz intensiver Verhandlungen gab Frémaux nicht nach. Damals hieß es noch, dass wir nicht im offiziellen Wagen, sondern zu Fuß kommen sollten und unser Kommen nicht angekündigt werde; wir würden im Schatten bleiben.

Als wir jetzt mit vier Geflüchteten die Stufen hinaufstiegen, erscholl aus den Lautsprechern *Douce France* von Charles Trénet – schöner Zufall. Keiner auf der Croisette ahnte auch nur, dass wir in der vorigen Nacht etwa hundert Exilierte die Stufen des Justizpalasts in Nizza hinaufbegleitet hatten, um auf ihr Schicksal aufmerksam zu machen. Nur ein einzelner Polizist wollte eingreifen: »He, das ist Cédric Herrou, er darf nicht rein!«

»Alles in Ordnung, er ist eingeladen«, flüsterte ihm seine Vorgesetzte zu.

Auf den Stufen

Zuvor waren wir zu zwanzigst zu einem Treffen in Michels Zimmer im Carlton (vom Festival bezahlt) verabredet, um uns vorzubereiten. Wir hatten eine verdammt gute Gruppe zusammengestellt: mein Bruder, Freunde und Unterstützer, Exilierte und Mitwirkende des Films. Am Hoteleingang stürzen sich die Wachleute auf mich. Das war's, ich werde verjagt! Falscher Alarm. Sie grinsen bis über beide Ohren: »Danke, dass du das tust, Bruder, wir stehen hinter dir!«

Wir kommen in unseren üblichen Klamotten in Michels Zimmer an und der große Tausch beginnt: Bergschuhe gegen Smoking, löchriges T-Shirt gegen Abendkleid. Morgan öffnet mit breitem Grinsen eine Flasche Birnenschnaps. Wir stoßen auf die Freundschaft, die Solidarität, den Sieg und die Integrität an, zum Zeichen unserer Unkorrumpierbarkeit inmitten von so viel Kohle, Großkotzigkeit und moralischem Elend. Wir wissen, dass wir uns für unsere Art zu leben selbst entschieden haben, nicht notgedrungen, sondern bewusst. Unsere Armut ist unser Reichtum. Wir haben alles, was wir uns wünschen, und das befindet sich tief in uns drinnen, es ist ungreifbar, unfassbar, unverletzlich. Wir sind Freiheitsmilliardäre.

In offiziellen Autos werden wir zum Palais des Congrès gefahren. Langsam die Croisette hinauf, Halt bei der Sicherheitskontrolle. Securityleute kommen auf uns zu, Polizisten halten sie zurück.

»He, wir müssen kontrollieren!«, protestieren die Wachleute.

»Die nicht, die übernehmen wir«, erwidern die Polizisten.

Das riecht nach einer Anweisung der Präfektur – jagt sie bis zum Schluss!

An den Stufen richten sich die Augen aller Schaulustigen auf Cate Blanchett, die Jurypräsidentin, die die gute Idee hatte, hinter uns die Stufen hinaufzugehen. Die Einzigen, die uns beachten, sind Männer in Zivil mit Walkie-Talkies in der Hand. Die Behörden befürchten immer noch ein Happening oder Schlimmeres. Was, wenn ich brüllen würde »Gott ist groß«, bevor ich Eingeweide und Gedärm auf den blutroten Teppich verspritze? Nein, keine Panik. Wir schwenken weder Waffen noch Plakate oder Kriegsgemälde. Auch wenn wir kurz daran gedacht hatten, Rettungswesten über die Smokings anzuziehen, um an die im Mittelmeer ertrunkenen Exilierten zu erinnern.

Standing Ovations

Bei der offiziellen Vorstellung sind wir aufgeregt wie Kinder. Wir haben *Libre* schon dutzende Male gesehen, doch jetzt werden wir von einer neuen Erregung überwältigt. Bei den minutenlangen Standing Ovations explodiert sie. Ich springe auf und improvisiere ohne Mikro: »Ein Gedanke an die Migranten, die heute Morgen um Asyl ersucht haben und vom Präfekten des Departements Alpes Maritimes zurückgeschoben worden sind! Ein Gedanke an die in der Nähe von Cannes an der französisch-italienischen Grenze gestorbenen Kinder, die widerrechtlich zurückgeschoben worden sind vom Präfekten, der für den Tod von Kindern hier auf französischem Boden mitverantwortlich ist!«

Das nennt man wohl einen »aus dem Rahmen fallenden« Beitrag. Das warf man mir später auch vor, im Sinne von, so was tue man beim Festival nicht. Ich sprach weiter: »Unsere Devise ist ›Freiheit, Gleichheit, Brüderlichkeit‹, gleich welcher Herkunft, Religion oder Hautfarbe wir sind, und es ist wichtig, sie Tag für Tag zu verteidigen. Weil sie existiert und verletzlich ist und uns alle braucht, auch Sie. Sie ist darauf angewiesen, dass wir sie leben, tanzen, singen und nach Freiheit rufen. An manchen Tagen weint sie, aber sie muss leben!«

Der Film erhielt beim Dokumentarfilmpreis von Cannes, *L'Œil d'or,* die »besondere Erwähnung«.

52. Emmaüs Roya

Im Sommer 2018 änderte sich die Stimmung auf dem Camping-platz Cédric Herrou grundlegend. Über die Gebirgspfade kamen nur noch sehr wenige *shebabs* zu uns. Die Asylsuchenden, die jetzt bei uns lebten, kamen aus Nizza und Umgebung. Sie hatten auf der Straße geschlafen, und großherzige Aktivisten hatten sie in dem Glauben in unser Tal gebracht, das wäre eine großartige Alternative für sie. Aber sie waren nicht aus eigenem Antrieb bei uns, sondern unter Brücken hervorgezogen und auf mein Stück Land verfrachtet worden, ohne zu wissen, wo sie landeten. Hier hatten sie zwar wieder einen gewissen Komfort, aber nicht aufgrund ihrer eigenen Entscheidung. Da war es schwierig, sich zu beteiligen.

»Wie soll ich denn Lust haben, anderen zu helfen? Ich hab nicht mal eine Jeans zum Wechseln!«, rief einer unserer Gäste aus, als wir der Gruppe fehlende Motivation vorwarfen.

Es waren junge Eritreer, die verantwortungslos und träge geworden waren, unfähig zu kommunizieren, außer um ins Internet zu kommen, der einzige Anspruch, den sie hatten. Sie interessierten sich weder für die Landwirtschaft noch für die Hütten, die wir für ihre Nachfolger bauten. Samen aussäen und Peperoni oder Basilikum wachsen sehen, fluchen, wenn die Erdbeeren oder die Tomaten nicht tragen, herausfinden, wie tief man umgraben muss, dran denken, die Zucchini zu düngen, verhindern, dass der Fuchs sich über die Hühner hermacht, allmählich das Spiel von Sonne und Regen auf den Pflanzen verstehen, jeden Morgen Eier einsammeln ... Solche einfachen Dinge geben dem Leben wieder einen Sinn. Doch das konnten diese jungen Eritreer, die ganz in ihre persönlichen Probleme verstrickt waren, nicht verstehen. Es wäre zu leicht gewesen, sie einfach als Faulpelze zu betrachten. Das Problem ist, dass sie nicht arbeiten dürfen. Mangels sinnvoller Beschäftigung wird der Mensch in humanitären Camps infantilisiert; er wird antriebslos und abhängig.

Diese Jugendlichen hatten sich bereits aus dem Staub gemacht, als ich im Winter 2018 mit meinem Bruder anfing, die Oliven zu ernten. Überraschung: Neben den Freiwilligen halfen auch die noch im Camp verbliebenen Asylsuchenden mit. Sie tauschten ihre Mobiltelefone gegen die langen Stöcke zum Herunterschlagen der Oliven, und von der Bauernenergie gepackt, summten sie unbeschwert und mit einem Lächeln auf den Lippen vor sich hin, während sie die Netze mit den Oliven einsammelten. Nachts knallten die Türen ihrer Wohnwagen nicht mehr, weil sie wieder schlafen konnten. Beide Beine auf der Erde, der Kopf mal nicht voller Sorgen. Die krasse Veränderung verblüffte uns.

Die *shebabs* entwickelten zusehends mehr Tatkraft, was uns allerdings gefährdete. Im Fall einer Kontrolle drohte mir wegen Schwarzarbeit Ärger mit der Justiz. Doch ich wusste, dass die Asylsuchenden Gefangene ihrer Vergangenheit waren und sich um ihre Zukunft sorgten. Sie brauchten einen Anker in der Gegenwart, und die Landwirtschaft war einer. Dieses Heilmittel blieb aber Theorie, solange sie nicht das Recht hatten, einer Beschäftigung nachzugehen. Wie ließ sich dieses Hindernis beseitigen? Es wurde Zeit, eine Zukunft für unser Camp aufzubauen.

Ein legaler Status

Ein von ein paar ehemaligen Pennern gemanagter Trödelmarkt – das war Emmaüs in unserer Vorstellung. Doch mit der Zeit begegneten wir immer mehr Emmaüs-Mitgliedern und entdeckten, dass diese Bewegung viel mehr erreichen will und weit entfernt ist von dieser Karikatur. Emmaüs prangert an, kämpft für bessere Gesetze, nimmt Obdachlose auf und handelt ohne den Trübsinn und die Verbitterung, die Aktivisten mitunter ausstrahlen. Wie wir. Abbé Pierre war ein echter Punk, genau wie wir, auch wenn sich niemand mit ihm vergleichen kann. Und Emmaüs muss seit fast sechzig Jahren ständig improvisieren, genau wie wir seit zwei Jahren.

Tatsächlich ist Emmaüs eine als Vereinigung organisierte Bewegung, die seit der Gründung durch Abbé Pierre in mehreren Ländern aktiv ist. Die Emmaüs-Gemeinschaften in Frankreich sind klassische staatlich anerkannte gemeinnützige Vereine. Aufgrund dieses Status können die 119 französischen Emmaüs-Gemeinschaften ihren Gästen Schutz bieten, die dort kostenlos wohnen, essen, Wäsche waschen können und sozial betreut werden. Sie erhalten monatlich einen kleinen Betrag (360 Euro), wovon sie zur Absicherung gegen Arbeitsunfälle und für ihre Rente in die staatliche Sozialversicherung einzahlen. Dafür müssen sie sich an die Regeln halten: Drogen-, Alkoholkonsum und Gewalttätigkeit sind verboten und werden mit Rückstufung in Minimalsicherung, jedoch nicht mit Rauswurf bestraft, und sie müssen sich an den alltäglichen Hausarbeiten beteiligen. Sie können die Emmaüs-Gemeinschaft jederzeit wieder verlassen.

Genau so etwas suchten wir. Die strengen Regeln, die manch einem Außenstehenden hart erscheinen, schreckten uns nicht ab. Denn auch wenn Emmaüs den Schwächsten Schutz bietet, ist die Vereinigung kein bloßer Rettungsring, sondern eher ein

Boot, in dem jeder paddeln muss. Ihr Motto lautet treffend: »Handeln statt erleiden.« Ihr Prinzip ist Hilfe zur Selbsthilfe. Sie will nicht nur die vom kapitalistischen System geschlagenen Wunden verbinden, sondern es letztlich durch etwas anderes ersetzen. Klassenkampf gehört bis heute zu diesem Projekt. Das passt ebenso zu uns wie das Prinzip vom »Aufstand der Gerechtigkeit«.

»Um einem Menschen ohne Dach, ohne Brot, ohne jemanden, der sich um ihn kümmert, zu Hilfe zu kommen, muss man den Gesetzen zu trotzen verstehen«, hat Abbé Pierre einmal gesagt.

»Hilf mir helfen!«

Im März 2019 klopften wir bei der Emmaüs-Bewegung an.

»Wir kommen jetzt an den Punkt, wo Emmaüs schon vor Jahrzehnten war«, erklärte ich. »Wir sind hier, um das zu nutzen, was ihr geschaffen habt. Wir haben keine andere Wahl.«

Ich spielte mit offenen Karten, alles oder nichts. Sollte Emmaüs uns zurückweisen, egal; ich war entschlossen, die Arbeit mit den Jugendlichen mit anderen zu teilen, denn die *shebabs* drehten durch, wenn sie nur herumlungern konnten. Doch ich warnte auch: Eine Zusammenarbeit könnte uns allen neuen Ärger mit Justiz und Behörden einbringen.

Meine Vorstellung, die fast wie Erpressung klang, löste eisiges Schweigen aus. Hatte ich mein Blatt überreizt? Eine Stimme brach die Stille: »Wenigstens reden Sie Klartext. Das ist eine sehr sinnvolle Regel bei Emmaüs!«

Sie stimmten unserem Beitritt auf Probe am 4. Juli 2019 zu. Ein historischer Wendepunkt. Waren die *shebabs* bisher auf den Gebirgswegen von Bullen verfolgt worden, so konnten sie jetzt ganz legal Erdbeeren und Paprika pflanzen, die die Franzosen ernähren würden. Wir waren glücklich und stolz, die erste landwirtschaftliche Emmaüs-Gemeinschaft gegründet zu haben. Sieben Hütten, sieben Gäste unterschiedlicher Nationalität, mit und ohne Papiere – Emmaüs Roya fing klein an. Doch in Wirklichkeit bildeten wir, ohne dass es uns bewusst gewesen war, schon längst eine Gemeinschaft mit unseren Gästen, denn sie stellten sich an den Herd und versorgten die Neuankömmlinge, damit wir ohne staatliche Unterstützung auskamen und um die tröstlichen Worte zu hören: »Wir brauchen dich.« Genau wie Abbé Pierre gesagt hatte: »Hilf mir helfen!«

Bei einem Kontrollbesuch entdeckte Nicolas Coiffier von Emmaüs gerührt unser Schild unten am Weg, das wie andere seiner Art ein Symbol für aus Hausbesetzungen entstandene Protestbewegungen war: »Camping Cédric Herrou, bienvenue!« Darauf hießen wir Neuankömmlinge nicht nur auf Französisch, sondern auch auf Arabisch und Tigrinya willkommen. Es erinnerte ihn an das berühmte Schild »CAMPINGVEREIN – LEBEN ERLAUBT!«, das Abbé Pierre einst auf einem besetzten Grundstück aufgestellt hatte.

Sich einordnen

»Dank dem Emmaüs-Etikett liegt deine ›polarisierende‹ Phase jetzt hinter dir«, versicherte mir ein Journalist.

Bislang hatten wir uns von klassischeren Vereinigungen unverstanden, ja abgelehnt gefühlt. Sie fanden uns zu marginal, zu provokant, zu aufsässig. Jetzt aber änderte sich die allgemeine Wahrnehmung, die Feindseligkeit der lokalen Abgeordneten legte sich. Aus ihrer Sicht war Cédric Herrou zahm geworden. Er passte sich an. Früher hatte er den bösen Schwarzen und den künftigen Terroristen geholfen; heute beherbergte er sieben liebenswerte Obdachlose in Holzhütten. Gewiss, sagten sie so

ungefähr, das Royatal hat unter den Aktionen dieses Hühner-
züchters gelitten. Durch seine Zusammenarbeit mit den Medien wurden wir als »Tal der Migranten« bekannt, als zweites
Calais, und unser Image wurde beschädigt. Aber jetzt hat er
sich Emmaüs angeschlossen, und das können wir nur begrü-
ßen.

53. Das Land den Bauern

Die Olivenbäume haben seit drei Jahren nicht getragen, als hätten sie sich in einen Winterschlaf begeben, um uns besser beobachten zu können. Und dabei festgestellt, dass ich keinen Finger für sie gerührt habe. Von 2016 bis 2018 hatte ich wegen all meiner außerlandwirtschaftlichen Aktivitäten ihre Pflege vernachlässigt. Das kostete mich bares Geld. Der Olivenbaum ist seit hundert oder zweihundert Jahren hier; wenn man ihn nicht beschneidet, trägt er nicht. Ganz einfach. Zu seinen Füßen hat er Menschen zur Welt kommen und sterben sehen, er braucht dich nicht, um zu leben, im Gegenteil. Die Olive ist das Yoga von Nizza, sie lehrt dich, gelassen zu bleiben.

Meine Bäume haben zwei Kriege, Migrationen aus Italien, im Zweiten Weltkrieg die Bombardements durch die Deutschen und die Alliierten, die Plünderungen während der deutschen Besatzung und im Herbst 1944 die Deportation der Einwohner von Breil ins italienische Piemont überlebt. Ein junger Bauer, vielleicht der jüngste Sohn der Familie, hatte sie auf einem wasserlosen Stück Land gepflanzt, zu dem man nur über einen Saumpfad gelangte. Wenn er ins Dorf hinabstieg, das einen halbstündigen Fußmarsch entfernt lag, verzogen die Bewohner von Breil spöttisch das Gesicht. Warum tat er sich diese Plackerei an? Glaubte der eingebildete Kerl, es würde genügen, mit den Bäumen zu sprechen?

Bauerntrampel und Nichtsnutze

Hartnäckig höhlte der junge Mann gemeinsam mit seinen Nachbarn das Felsgestein aus, um vom Bach Lavina aus einen sechs Kilometer langen Kanal zu graben. Dessen Wasser floss ein gleichmäßiges Gefälle hinunter wie auf einer Bobbahn. Er wurde die Lebensader seines Stücks Land. Diese Pioniere sahen sich schon als der Stolz und die Begründer des Reichtums kommender Generationen. Sie irrten sich.

Während des Kriegs überwucherten Brombeersträucher das Gelände, der Kanal fiel in Trümmer, die Olivenbäume vertrockneten. Die Generation, für die der Bauer sie gepflanzt hatte, zog die Beamtenuniform den Unwägbarkeiten des Erdreichs vor, die Lichter der Stadt der undurchdringlichen Nacht im Tal. Nur Versager und Bekloppte wandten sich noch den Olivenbäumen zu; nur Hinterwäldler, Tölpel, Bauerntrampel, Dorflümmel, Schurken und Nichtsnutze glaubten, diese Bäume würden weiterhin ihr Überleben sichern.

Der Bauer konnte nicht ahnen, dass ein aus der Stadt heraufgekommener Träumer seine abgebrochene Arbeit wieder aufnehmen würde. Dass dieser komische, zum Automechaniker ausgebildete Kauz in der Trockenhütte pennen würde, dem dürftigen Steinhaus, in dem er im Winter während der Olivenernte Schutz suchte. Dass er einen Dschungel rodete, um die während sechzig Jahren unterbrochene landwirtschaftliche Tätigkeit wieder aufzunehmen. Dass sich in das Palaver mit den Bäumen neue Akzente mischen würden, aus Rumänien, Nigeria oder von der Elfenbeinküste.

Zehn Tonnen

Nach drei Jahren Pause ließen sich wieder Blüten blicken. Ob nach Feuer, Blitzeinschlag oder Trockenheit, der Olivenbaum kommt jedes Mal wieder. Altersweise verzeiht er unsere Fehler und belohnt unsere Anstrengungen. Die kleinen grünen Früchte blieben bis zum Herbst hängen, trotz Wind, Affenhitze und Trockenheit. Die Oliven wurden dunkler, die Zweige bogen sich unter ihrem Gewicht. Darunter breiteten wir um die Stämme herum grüne Kunststoffnetze aus, so fürsorglich, als würden wir einen schlafenden Greis zudecken.

Charlotte, unterwegs auf einer Radtour durch Europa, machte ungeplant bei uns halt. Sie kam und blieb. Zusammen mit Halefom, Yohannes, Patrick, Axel und Marion machte sie sich ans Ernten, ein Riesenerfolg: über zehn Tonnen, die wir im Namen von Emmaüs Roya würden verkaufen können. In den folgenden Wochen wurde die Erde umgegraben, Kürbis, Salat und Karotten gesät. Halefom und Yohannes verließen uns, andere traten an ihre Stelle. Die Bewegung hatte Fahrt aufgenommen.

Mit Regeln leben

Ich verabscheue tägliches Einerlei. Ich habe immer Projekte laufen und kümmere mich um alles Mögliche, mache Zimmermanns-, Elektro- und Klempnerarbeiten. Als ich 2017 mit der Hühnerzucht anfing, habe ich auf Youtube gestöbert, um herauszufinden, wie man Hühner schlachtet und ausnimmt. Aber für die neue Rolle, die Marion und ich im September 2019 übernommen hatten, gab es kein Tutorial: die Rolle als Mitverantwortliche in der Emmaüs-Gemeinschaft. Seit fünfzehn Jahren arbeitete ich allein; Marion kam aus einer Managementschule und konnte Teams leiten. Ich kannte mich mit Landwirtschaft aus, sie hatte noch nie ein Samenkorn gepflanzt. Gemeinsam haben wir uns mit dieser neuen Form der Aufnahme vertraut gemacht, mit dieser Gemeinschaft, in deren Mittelpunkt der

Mensch und die Landwirtschaft stehen. Gäste und Freiwillige, von denen einige temporär und andere dauerhaft hier waren, alle haben wir unsere Erfahrungen und Sichtweisen eingebracht, um eine Einrichtung zu schaffen, in der jeder seinen Platz finden konnte.

Ich, der ich mich nie an Regeln gehalten hatte, begriff, dass sie wichtig waren. Das Leben in der Gruppe erfordert einen Rahmen, in dem jeder sich entfalten kann. Wer gegen Regeln verstößt, den erwarten Strafen. Viele unserer Gäste betrachten Emmaüs Roya als ihre Familie. All diese Veränderungen mussten Marion und ich bewältigen. Ich bin kein einzelgängerischer und anarchistischer Bauer mehr; ich lerne zu lernen, zu delegieren, zu verzeihen und zu belohnen.

Um halb acht öffnen sich die Hüttentüren. Katzenwäsche, gemeinsamer Kaffee, ein paar belegte Brote. Man streckt sich gemeinsam mit den Katzen, hält gähnend Ausschau nach der Sonne, die sich noch hinter den Bergen versteckt, unterhält sich oder brummelt vor sich hin. Die Hunde werden gestreichelt oder fortgejagt, die Gänse, die schon wieder auf die Terrasse gekackt haben, werden verscheucht. Nachdem die Aufgaben verteilt sind, geht's um acht Uhr mit frischen Kräften los.

Es sei denn, mein früheres Leben holt mich ein.

Elfter Polizeigewahrsam

Dieser Samstag, der 26. Oktober 2019, beginnt wie alle anderen mit der Abfahrt zum Wochenmarkt von Emmaüs Saint-André, nicht weit von Nizza. Wir bringen unseren »Spezialauftrag Eier mit Olivenpaste« immer eine Stunde früher als üblich auf den Weg, um den Zeitverlust durch die Kontrollen an der Mautstelle von La Turbie, der ersten nach der Grenze, auszugleichen. Die Polizei hält uns systematisch an. Argwöhnisch widmet sie sich auch diesmal lange Minuten unseren behördlichen Papieren. Dabei hat der Staat sie uns ausgestellt.

Yacoub zeigt ein vom Empfangszentrum ausgestelltes Dokument vor, das belegt, dass er bald einen Termin in der Präfektur hat; Aziz präsentiert die Eingangsbestätigung seines Asylgesuchs. Die beiden halten sich legal in Frankreich auf, aber wie immer suchen die CRSler ein Haar in der Suppe. Ich habe es satt, hier ständig Zeit zu verlieren. Ich filme mit dem Mobiltelefon. Der Ton wird schärfer, schon wird mein Gesicht auf die Motorhaube unseres Transporters gedrückt, dann geht's ab nach Nizza, zum Polizeipräsidium. Ich trage Handschellen wie ein Gangster, meine Fingerabdrücke werden genommen, Fotos von mir von vorn und im Profil in einer x-ten Akte erfasst.

Diese elfte vorläufige Festnahme wegen »Beihilfe zum Grenzübertritt von Personen ohne gültige Aufenthaltspapiere« dauert ewig. Yacoub und Aziz werden freigelassen. Warum behalten sie mich noch hier? Leicht genervt informiere ich den diensthabenden Beamten der Grenzpolizei über das Ausländerrecht, das er offenbar nicht kennt. Vorläufige Festnahme geht ja gerade noch, aber wegen Unfähigkeit eingesperrt zu werden ist mir unerträglich. Ironisch rät er mir, bei den Wahlen anzutreten, um die Gesetze zu ändern.

»Nicht nötig, man muss nur die Polizei so ausbilden, dass sie sie auch anwendet.«

Am späten Nachmittag werde ich ohne weitere Strafverfolgung freigelassen. Ein weiterer verlorener Tag! Ich hole den Transporter mit dem unverkauften Gemüse. Dann geht das Spielchen weiter. Auf der Fahrt zurück ins Royatal werde ich zwei weitere Male kontrolliert, an der Mautstelle von Ventimiglia und am Grenzposten von Fanghetto. Als ich nachts um eins zu Hause ankomme, quillt mein Twitter-Account über von Nachrichten, die mir den Rücken stärken. Es sind unaufgefordert Spenden geflossen, die den finanziellen Verlust durch die verdorbenen Lebensmittel mehr als wettmachen. Je mehr der Präfekt uns schikaniert, desto mehr Spenden erhalten wir. Danke euch allen! So kann der Schmetterling der Dampfwalze standhalten.

54. Das Bol d'air

Unsere zweite Niederlassung hat schon einen Namen, Bol d'air. Mit der ehemaligen Getreide- und Ölmühle mitten in Breil, am Ufer des Flusses und neben dem städtischen Campingplatz erfüllt sich einer unserer Herzenswünsche. Die Isolation auf dem CCH belastete uns. Wir wollten raus aus dem Ghetto, unsere Arbeit und unsere Nützlichkeit zeigen, den Graben schließen, der durch die Jahre des Kampfs zwischen uns und den Einwohnern entstanden war.

Manche Einheimische schätzten es nicht, dass das Royatal in den Nachrichten auftauchte und als »Tal der Migranten« stigmatisiert war; sie befürchteten, dass deshalb die Touristen fernblieben. Wir dagegen glauben, dass diese Berühmtheit ein Segen ist. Das Royatal ist das Tal der Solidarität geworden, und das Bol d'air wird sie symbolisieren, eine Art Leuchtturm sein.

Platanenholzweg

Es war schwer für uns, einen Ort für das Bol d'air zu finden. Zuerst fassten wir ein Bar-Restaurant in Fontan ins Auge, das seit Ewigkeiten von einem originellen Paar geführt wurde, Emilienne und Robert. Auf dem Schild »Zu den Platanen« stand »Biker-Raststätte«, aber ich schätze, dass viele vorbeifuhren, ohne anzuhalten; Platanen ziehen selten Motorradfahrer an, es sei denn für eine tödliche Umarmung.

An dem alten Gebäude passte einiges nicht recht zusammen: ein kleiner Saal und ein überdimensionierter Parkplatz, eine große, schnell zusammengezimmerte Veranda und breite grüne Terrassen bis zum Flussufer mit Erdbeeren und Kartoffeln. Es war einer der letzten authentischen Orte im Tal, mit an die Wände geklebten vergilbten Zeitungen. Auf den Fotos posierte Emilienne mit Michel Delpech und Richard Anthony. Denkt man sich den Höllenlärm einer uralten Kaffeemaschine und das ständige Genörgel von Robert dazu, dann hat man eine Vorstellung von der Atmosphäre. Er paffte drinnen den lieben langen Tag und schimpfte auf Emilienne. Er fand, dass sie »zu viel redete« und »ihre Show abzog«, vor allem wenn sie alle Gerichte auf der Karte aufzählte und dann brummte: »Können Sie nicht alle dasselbe nehmen? Das würde mir die Arbeit erleichtern.«

Seltsamerweise unterstützte Emilienne unser Projekt, obwohl sie gegen die Immigranten war, »die Kreditkarten haben und im Hotel schlafen, während sich um uns keiner kümmert«. Vielleicht aus Lust, Nigerianern beizubringen, wie man ihre köstlichen Barbajuans zubereitet, mit Mangold, Spinat und Ricotta gefüllte frittierte Blätterteigtaschen? Unser Angebot schien die Besitzer jedenfalls zu freuen, die seit langem einen Käufer suchten – bis zu jenem Telefonanruf.

»Wir haben ein anderes ziemlich festes Angebot bekommen mit ... gewissen Verpflichtungen«, stotterte die Besitzerin etwas verschämt. »Zu dem Preis, den wir haben wollten.«

Das klang nach einem miesen Trick.

»Jemand aus dem Tal?«

»Äh, ja, das Rathaus.«

Philippe Oudot, seit 2014 rechter Bürgermeister von Fontan, führte das andere Bar-Restaurant des Dorfs. Und er wollte uns nicht. Er beeilte sich, den großen Manitu des Departementsrats anzurufen, Éric Ciotti. Als er Abgeordneter geworden war, hatte er den Posten des Departementspräsidenten aufgegeben, um vorschriftsgemäß Ämterhäufung zu vermeiden, doch er behielt die Oberhand in der Kommission, die über die Zuteilung von Subventionen entschied und dem Rathaus eine hübsche Summe zusprach, damit sie unser Projekt verhinderte.

Das Ergebnis: kein Cédric Herrou und kein Emmaüs Roya in Fontan und ein Konkurrent weniger, und das mit dem Geld des Steuerzahlers, denn die Gemeinde verschuldete sich um die Hälfte ihres Budgets. Noch trauriger: Sie trennte sich von dem Wirtepaar. Kurz darauf hatte Robert einen Schlaganfall. Zum Glück überlebte er. Die »Platanen« hingegen verlängerten die Liste der verlassenen Orte im Tal.

Das Gegenteil von Utopie

Eines schönen Tages fanden wir die seltene Perle, dank unserem Treffen mit Sylvain G., einem Freund von Michel Toesca. Der wohlhabende Architekt und Fotograf hätte sich eine Residenz, ein Schiff, dicke Schlitten oder, was weiß ich, Wagenladungen von Slips kaufen können. Doch er wünschte sich, ein Zentrum aufzubauen, in dem sich Obdachlose dank landwirtschaftlicher Arbeit wieder eingliedern können. Es war ihm noch nicht gelungen, seinen Plan umzusetzen, bis er den Film *Libre* sah und sich sagte: »Cédric ist der Typ, der das schaffen könnte.«

Dank seinem finanziellen Beitrag und der Unterstützung vieler Unbekannter, die uns fünf, zehn oder hundert Euro spendeten, haben wir eine Stiftung gegründet. Sie hat fünfhundert Quadratmeter verlassene Gebäude erworben, deren Mieter Emmaüs Roya sein wird. Wenn die Räumlichkeiten gemäß den

Bauvorschriften renoviert sind, was Hunderttausende Euro kosten wird, werden darin landwirtschaftliche Werkstätten, ein für Besucher offener »Mikro-Hof«, ein Raum für den Direktverkauf und zwei Stockwerke als Unterkunft für ein Dutzend Bewohner entstehen.

Ich habe noch all die Staatsanwälte im Ohr, die wütend und lautstark immer wieder verkündeten: »Monsieur Herrou, Sie sind ein Ideologe, Sie pfeifen auf Autoritäten!« Heute tritt diese auf Autoritäten pfeifende Ideologie in Aktion. Alternativ zu der Welt, vor der ich seit meiner frühesten Kindheit fliehe, wird das Bol d'air ein Ort des Gedenkens an Madame Barberis sein, meine Nachbarin im Arianeviertel, die mir von der vergessenen Landwirtschaft erzählt hat, an meine Klassenkameraden, Beurs, Gitanos, Schwarze, Söhne und Töchter des Prekariats oder vernachlässigte Kinder, und an meine Jugendjahre, als uns Orte fehlten, wo wir uns treffen konnten. Junge und Alte werden sich dort austauschen, um sich besser zu verstehen.

Dieses Stückchen Land mitten im Nirgendwo, eingezwängt zwischen zwei Grenzen, wird vielleicht nur ein klein wenig *bol d'air*, das heißt frische Luft, schenken, die aber wird die Köpfe derer füllen, die nichts mehr zu sein glauben. Sie werden sich hier für eine Stunde, eine Woche oder ein Jahr wiederfinden und Ideen oder eine Partie Boule oder Karten, eine Mahlzeit, einen Kaffee oder ein Bad im türkisen Wasser der Roya teilen. Das Wesen der Einfachheit heißt sich Freude machen, um seinen Geist zu befreien.

55. Ändere deine Welt

Ich war ins Royatal gekommen, um meine Kinderträume zu verwirklichen, ohne mich um die Welt zu kümmern, ich war von allem abgeschnitten in meinem Refugium. Dann habe ich Exilierte getroffen, und alles hat sich verändert. Vor den vier Jahren, die mein Leben auf den Kopf gestellt haben, hatte ich nie von »staatlichem Rassismus« gesprochen, ich hatte nie eine Haftanstalt von innen gesehen, nie in der Präfektur Schlange gestanden und um Legalisierung gebeten und nie mit Ausländern ohne Papiere zu tun. Vier Jahre habe ich im Konflikt mit diesem Rassismus gelebt, der so gefährlich ist, weil die Akteure sich seiner gar nicht mehr bewusst sind.

Bei jeder Fahrt über die Grenze brannten mir die Augen vor ungeweinten Tränen. Ich habe mich für die Aufnahme der Geflüchteten entschieden, in Erinnerung an meine italienische Urgroßmutter, die ihr Kind verlor, als sie über die Alpen nach Frankreich floh, und in Erinnerung an meine deutsche Großmutter, die von der Gestapo eingesperrt worden war. Ich habe es für sie und für meine Eltern getan. Hätte ich diese Kinder am Straßenrand stehen lassen, hätte meine Mutter mich ausgeschimpft. Da trotzte ich doch lieber dem Druck der Staatsanwälte.

Im Umgang mit den Exilierten habe ich erfahren, wie schmerzhaft es ist, von seinem Land und seiner Kultur getrennt und orientierungslos zu sein. Mit einem tief vergrabenen Trauma zu überleben, das noch Jahre später wieder aufbrechen kann. Frankreich scheint gelegentlich zu glauben, sie seien mit dem Flugzeug gekommen, um komfortabler zu leben. Nein. Migration ist kein Tourismus oder Luxus für Privilegierte, sondern eine Tragödie, auf die wir reagieren können, indem wir erstens uns überzeugen, dass wir nichts daran ändern können, oder zweitens entscheiden, dass diese Männer und Frauen in unserem Land zu viel sind, oder drittens handeln und Brüderlichkeit wagen, das Unerträgliche bekämpfen, um nicht daran mitzuwirken, und verhindern, dass sich die Geschichte aus Gleichgültigkeit und Egoismus wiederholt.

Ich habe begriffen, dass uns dasselbe Verlangen nach Freiheit eint. Ihre Freiheit braucht die meine und umgekehrt. Ihr Verlangen danach hat sie ins Exil geführt, unter die Folter, manchmal in den Tod. Und für mich gibt es Freiheit nur im Teilen. Wenn ich die Tür zuschlage, sage ich meiner Freiheit Adieu. Ich öffne sie aus Angst, dass meine Freiheit sich verflüchtigt, eher aus Feigheit als aus Mut. Sonst verlöre ich meine Werte.

Es gibt Tausende Männer und Frauen wie mich im ganzen Land, Alte, Junge, Arme, Reiche, Katholiken, Buddhisten oder Muslime, Anwälte, Krankenschwestern oder Bäcker, Mechaniker, Bauern, Gerichtsvollzieher oder Klempner, sie engagieren sich ohne viel Aufhebens, manchmal auch heimlich. In Vereinen oder Kollektiven organisiert, verkörpern sie ein Frankreich, das man in den Medien kaum sieht. Sie werden Freiwillige, Helfer oder Solidarische genannt. Ob rechte Katholiken oder Punks mit Hund, eröffnen sie leer stehende Gebäude, um Ausgeschlossene und Opfer unterzubringen und zu schützen, ihnen Aufmerksamkeit zu schenken, und retten so, ohne es zu wissen und zu wollen, auch die Ehre der Republik.

Enttäuschungen

In Grande-Synthe ganz im Norden habe ich gesehen, wie Dutzende Menschen ans Ende einer Sackgasse hasteten; innerhalb von ein paar Sekunden waren es Hunderte, die wie Gespenster aus dem Dickicht auftauchten. Sie drängelten sich für einen Teller Suppe, den Emmaüs und andere Vereine in den Behelfslagern verteilen, die statt des 2016 geräumten »Dschungels« von Calais entstanden sind. Die Stärksten verpflegen sich mehrmals, die Schwächeren bekommen nichts. Ein trauriges Schauspiel, Symbol unserer Gesellschaft! Die Muskelprotze stopfen sich voll, die Schwachen krepieren. Die Reichen leisten sich einen Schlepper, die Armen riskieren ihr Leben. Die Individualisten sind die Herren, die anderen sehen zu, wo sie bleiben.

Und mittendrin die sechzehnjährige Aatifa, eine hübsche Eritreerin, die seit anderthalb Jahren versuchte, zu ihrem Bruder nach England zu kommen. Sie irrte von Camp zu Camp und wurde regelmäßig vergewaltigt. Vergewaltigungen erschienen ihr fast normal, als Routine, denn niemand tat etwas dagegen. Wie sie da rausholen, ihr die Kontrolle über ihr Leben zurückgeben? Ich malte mir aus, sie ins Auto zu laden und über den Ärmelkanal zu bringen. Unmöglich. Wütend über meine Ohnmacht fragte ich mich, was ich überhaupt erreicht hatte.

Ich habe dazu beigetragen, die Menschen sichtbar zu machen, die die Behörden nicht sehen wollten. Sie haben mehr und mehr ihr Recht erhalten, aber Staat und Justiz verbieten uns immer noch, solidarisch zu handeln, und beschränken unsere Freiheit, brüderlich zu handeln. Wofür halten sie sich? Haben diese Exilierten eine Straftat begangen? Nein. Die Migration ist ein Faktum und basiert selten auf freier Entscheidung; vor allem ist sie ein in Artikel dreizehn der Allgemeinen Erklärung der Menschenrechte garantiertes Recht. Europa kann sie noch so sehr bekämpfen, es wird sie nie stoppen. Unsere Grenzen sind keine Schleusen, die man nur dichtmachen muss, um den Zustrom zu verhindern.

Fokussierung

Mein Frankreich schmerzt mich. Die Exilierten haben Bomben, Amputationen, den Geruch verbrannten Fleischs und Folter erlebt, und man lässt sie krepieren, damit ihr Elend uns nicht ansteckt. Asylsuchende sind keine klassischen Migranten. Bei der Rückkehr in die Heimat droht ihnen Verfolgung, Gefängnis, Tod. Rassistische, karrieregeile Politiker benutzen und stigmatisieren die Exilierten, wie man den Wolf beschwört, als eine Spezies, die in Rudeln auftaucht und sich an unseren Grenzen drängelt. Am Umgang mit diesen Menschen sah ich, welches Bild sich die meisten Mächtigen von uns, der französischen Unterschicht, machen. Die Exilierten sind der Spiegel, der uns zeigt, wie düster es um unsere Gesellschaft bestellt ist.

Im Sommer 2020 kündigte der neue Innenminister Gérald Darmanin die Schaffung einer »gemischten Brigade« an der Grenze an. Italienische und französische Polizisten sollen Hand in Hand arbeiten, um illegale Grenzübertritte ab Ventimiglia zu verhindern. Nichts Neues unter der Sonne. Vor vier Jahren war es eine derartige Patrouille, die mir meine erste vorläufige Festnahme beschert hat. Die Politiker verkaufen uns immer wieder dasselbe, nur um uns abzulenken. Sie rücken die Immigration in den Fokus, um nicht über die Dinge zu reden, die uns zornig machen. Und um die öffentliche Meinung zu manipulieren.

Es ist normal geworden, einzusperren, zu misshandeln, zu verfolgen und uns vorzuwerfen, dass wir »Migranten« helfen, als ob das keine Menschen wären. Es ist normal geworden, die

Bevölkerung in Migrantenfürsprecher und -gegner oder Befürworter und Gegner von Grenzen zu spalten – lauter falsche Fährten. Dabei sind die Dinge doch so klar! Die Aufnahme beruht bei uns jedenfalls auf reinem Pragmatismus, nicht auf »Gutmenschentum« oder irgendeiner Ideologie. Und was die Grenzen angeht, die will ich nicht sprengen, ich will nur nach ihrem Sinn fragen. Wenn sie Menschen und gesellschaftliche Rechte schützen, bin ich dafür. Wenn sie die Menschenwürde verletzen, bekämpfe ich sie.

Fragen

In diesen vier Jahren bin ich vom Ich zum Wir gelangt, und das änderte alles. Mein kleiner Hort des Friedens gehört mir nicht mehr, ich habe meinen Besitz zum Gemeingut gemacht. Und ich habe die Mittel, Projekte wie das Bol d'air aufzubauen. Ich hatte es schon im Kopf, aber ohne die vielen Spenden hätte ich es nie verwirklichen können.

Wir hacken, jäten, bepflanzen und düngen die Erde unter den Olivenbäumen. Unsere Tomaten schmecken nach Wertschätzung und Autonomie. Wir verkaufen unsere Ernte stolz und teilen die Freuden des Bauern miteinander, der Leben gibt und beschützt. Ich bin froh, mein egozentrisches Lebensideal los zu sein. Die zwanzig Jahre Arbeit, die ich hier hineingesteckt habe, nutzen den Gefährten, die jeden Tag wieder mehr Geschmack am Leben finden und lernen, sich kollektiv zu organisieren und von den Früchten ihrer Arbeit zu leben.

Mein Ziel ist nicht, den Einzelnen wieder aufzubauen, sondern ihm lediglich einen Rahmen zu bieten, in dem er die Zeit hat, die es braucht, um seine Traumen zu überwinden. Aber ich weiß, dass sie, wenn sie nachts in ihren Holzhäuschen liegen, voller Unruhe an ihre Zukunft, an die Papiere, die sie vielleicht nie bekommen werden, an ihre Familien denken, deren Gesichter gegen ihren Willen jede Nacht ein wenig mehr verblassen.

Das Exil reißt sie zwischen verschiedenen Welten hin und her – der alten, aus der sie geflohen sind; denen, die sie im Kampf ums Überleben durchquert haben; und diesem Universum revolutionärer Bauern oben in den Bergen, in dem sie allmählich Wurzel fassen. Sie versuchen, diese Welten einander anzugleichen, um daraus eine einzige zu machen, wie wenn man verschiedenfarbige Erden zusammenmengt.

Wie geduldige Töpfer es mit Wasser und Lehm tun, verstreichen sie die an ihren Gedanken klebende Erde in der Hoffnung, so einen bruchlosen Topf zu schaffen, der eine neue Pflanze aufnimmt. Nachts trocknet die Stille ihre Erinnerungen aus, und schon tauchen mit bloßem Auge nicht erkennbare Risse auf. In diesem Topf wird vielleicht nie ein Samenkorn aufgehen, oder er verstaubt vergessen in einem Regal. Aber es lohnt sich, alles zu versuchen, auch wenn ich mir ihre Zukunft lieber nicht ausmale, aus Angst, am Ende rissig zu werden wie sie.

Ausbeutung

März 2020. Die Franzosen sind gelähmt, die Regale der Läden fast leer, die Welt bewegt sich in Zeitlupe. Zweieinhalb Milliarden Menschen im Lockdown, ein Drittel der Weltbevölkerung. Ich denke an unsere Saaten, die Salate, die Kirschblüten, die zu erfrieren drohen, an Mia, die Hündin der Gemeinschaft. Wird sie auf dem blauen Ledersofa auf der Terrasse gebären oder unter einem Wohnwagen?

Auf der Straße unten fahren bei Einbruch der Nacht keine Autos mehr. Die Katzen genießen am Ofen diesen Moment der Wärme, Gelassenheit und Stille. Die Gefährten telefonieren mit ihren Familien, bereiten das Abendessen zu oder waschen sich unter der Dusche die Erde, den Mist und die Strohhalme ab. Unsere Gemeinschaft lebt in dieser Krise, ohne sie zu spüren oder sich davon unterkriegen zu lassen. Nichts hat sich geändert! Das einzige, was uns leid tut: Endlich einmal können wir sein wie die anderen, doch nun sind die anderen verborgen.

Ich hoffe, dass die Welt diese Warnung zur Kenntnis nimmt. Die Natur rächt sich nicht; sie passt sich der missbräuchlichen Ausbeutung des Ökosystems sehr viel schneller an als wir, die sie verursachen. Die wilden Tiere fliehen vor der menschlichen Tätigkeit, die Arten kreuzen sich, die Viren passen sich blitzschnell an und infizieren uns.

Angesichts dieser Bedrohungen könnte Emmaüs Roya sich verbarrikadieren, doch Autarkie widerspricht unserer Philosophie. Wir versuchen keine Integration, sondern eine integre und solidarische Welt zu schaffen. Und Krisen erleben wir seit Jahren, Krätze, Tuberkulose, Folterverletzungen, Durchsuchungen, Prozesse, Belästigungen durch die Polizei, vorläufige Festnahmen, Drohungen. Trotz all dem kämpfen wir weiter, nicht um zu gewinnen, sondern einfach, um glücklich zu leben.

Ansteckung

Mit dem Lockdown hat unsere Mission schneller an Sinn gewonnen. Zum Akteur der Nahrungssouveränität geworden, arbeitet der »Abschaum« doppelt so schnell, um unsere Partnerläden mit Nachschub zu versorgen. Die Gesellschaft, die ihn marginalisiert, braucht ihn. Emmaüs ist mehr als nur eine Lösung des Prekariatsproblems, es ist eine Alternative. An uns ist es, weiterzugehen, uns nicht damit zu begnügen, dutzende Menschen zu beherbergen, zu ernähren und wieder auf die

Beine zu bringen. Wir müssen anderen Lust darauf machen, über unsere kleine Welt hinaus ansteckend wirken, ein alternatives politisches Ideal aufbauen gegen ein System, das die Verletzlichsten links liegen lässt.

Die Landwirtschaft ist nur eine Möglichkeit von vielen; andere Horizonte erwarten uns. Sie sind nur unter der Bedingung zu erreichen, dass wir unsere Produktions-, Lebens- und Interaktionsweise ändern. Die Hohepriester der neoliberalen Maschinerie sind nicht die einzigen Verantwortlichen für das Debakel. Wie ein Junkie, der sich auf die nächste Dosis stürzt, kaufen wir ein Auto, Schuhe, eine Handtasche, einen Slip. Die Götter der Superkaufkraft haben uns davon überzeugt, dass wir, um aus dem Loch herauszukommen, graben und immer weiter graben müssen, während es genügen würde, aufzuhören und das zu schätzen, dem wir den Rücken gekehrt haben.

Jeder von uns fällt mit seinem Konsum und seinen Entscheidungen ins Gewicht, zuallererst ich, der ich an einem gewissen Punkt die Kontrolle verloren hatte. Was produziere und konsumiere ich? An wen gebe ich meine Kohle weiter? Wir ziehen Güter vor, die mit unseren Werten vereinbar sind, und nehmen gewisse Spenden nicht mehr an. Kommt nicht infrage, von den Brotkrumen derer zu leben, die die Prekarisierung schaffen.

Konsum

Und wenn wir den Konsum politisieren, um zu entscheiden, wer florieren soll? Wenn wir Lust darauf wecken, dass die kleinen Läden wieder aufmachen und die aufgegebenen Landwirtschaftsflächen wieder bearbeitet werden? Ich träume von dem Tag, an dem wir diesen Umsturz erreichen, nicht mit schönen Reden, sondern indem wir diejenigen boykottieren, die uns verachten und in die Prekarität treiben.

Ich will kein Werkzeug sein, das die Löcher stopft, ohne diejenigen infrage zu stellen, die sie reißen; ich will revolutionär sein. Es ist dringlich, die Welt zu wählen, die wir uns wünschen, wieder menschengerechte Strukturen zu schaffen, die lokale Produktion voranzutreiben.

Seit Jahrzehnten warnen die Wissenschaftler vor der Entwaldung und der intensiven Landwirtschaft. Wir hören nicht auf sie und fahren weiter in SUVs mit voll aufgedrehter Klimaanlage, fliegen fürs Wochenende nach Barcelona oder Marrakesch, kaufen Erzeugnisse, die vom anderen Ende der Welt stammen.

Wir machen die Erde und die Menschen untertan, arrogant beleidigen wir unsere Welt. Es ist zu leicht, die Räuber zu kritisieren, diese zwei Prozent, die fünfzig Prozent der Reichtümer besitzen. Wir haben sie mit unserem Geld, unserer einzigen Macht, ermutigt. Es ihnen weiterhin zu geben, nutzt höchstens dazu, ihnen um den Bart zu gehen.

Übergang

Meine Revolution hat an dem Tag begonnen, als meine Mutter mir sagte:»Bevor du die Welt verändern willst, verändere *deine* Welt.«

Ich war zwölf, und ich war fuchsteufelswild gegen den ganzen Planeten. Ihr Rat verwirrte mich. Er zeigte mir meine Inkonsequenz und dass ich Komplize des Status quo war, da meine Anklagen gegen das »System« keinerlei wirkungsvolle Lösungen zeitigten.

Manchen zufolge wird die Revolution erfolgreich sein, wenn wir auf die Straße gehen und alles in die Luft sprengen. Aber haben sie daran gedacht, was sie danach aufbauen wollen? Man gewinnt nichts, wenn man die Banken und andere Sinnbilder des Ultraliberalismus mit Eisenstangen zerschlägt. Zählt nicht auf mich, wenn es darum geht, in einer kindischen Revolution wütender Gören die Bullen oder die Faschisten zu verprügeln! Meine Eisenstange ist meine Saat.

Nach vielen Jahren habe ich meine Mutter verstanden und meine kleine Welt verändert. Verwechseln wir nicht Revolution und Revolte, die nicht zwangsläufig zu einer Revolution führt. Mein Hass ist nicht stark genug, um mich aufzulehnen, aber meine Freude ist stark genug, um *mich* zu revolutionieren. Sicher, meine Vision ist die eines Mannes, der sich frei für die Gewaltlosigkeit entscheiden kann. Ich werde die Gewalt nicht verurteilen, wenn sie sich als die einzige Lösung erweist. Aber sie erschreckt mich, weil sie zum Selbstzweck werden kann. Wenn ich dieses radikale Instrument der Veränderung benutze, werde ich ihm früher oder später verfallen.

Der Mensch, der Terror ausübt, ist zum Terror verurteilt. Echte Veränderung zeigt sich in der Vergebung. Der Groll gehört zur Revolte, die Vergebung zur Revolution. Ich hoffe auf eine anhaltende Revolution, die ich »Übergang« nennen würde. Schieben wir die alte Welt aufs Abstellgleis, helfen wir der Bevölkerung, sich ihrer Macht bewusst zu werden, und dieser Übergang wird revolutionär sein.